地方税の
徴収担当に
なったら読む本

藤井 朗 [著]

学陽書房

はじめに

　本書は、初めて地方税の徴収担当になった職員に向けて、徴収事務、滞納整理事務の全体像を把握し、イメージをつかんでほしいという思いから執筆したものです。

　各自治体に新規職員として採用され、地方税徴収の部署に配属になった方はもちろん、他部署から異動した方、さらに管理監督者・管理職として徴収部門のポストに初めて就いた方に、最初に読んでいただけたらと思っています。

　異動を繰り返す自治体職員にとって大切なのは、仕事に対する不安感や抵抗感をできるだけ早く払拭することです。異動の内示を受けたとき、次の異動先がどのような業務をするところかを理解でき、具体的に仕事のイメージをつかむことができれば、安心して新たな異動先に着任することができます。

　そこで本書では、徴収事務のイメージをつかんでもらうべく、全体像やしくみ・流れ、そして心構えや考え方、具体的なノウハウに重きを置いて、皆さんにお伝えします。

　徴収事務や滞納整理事務に関する書籍は多数刊行されていますが、その多くは、地方税法や国税徴収法の解説が中心です。もちろん、私たちの仕事は法令に基づいて行われるものであり、それらもまた大切であることは言うまでもありません。

　しかし、最初から法令等の細かな解釈まで理解した上で滞納整理を進めようと思うと、なかなか一歩を踏み出すことができないのが現実です。つまり、理論だけでは実務を処理することはできません。

　私自身、初めて滞納整理の仕事に就いた二十数年前、解説書や教科書はあっても、実務書に相当するものはなく、日々悩みながら仕事を進めていた頃を昨日のことのように思い出します。失敗の連続だったことをふまえ、自分と同じような失敗を同僚や後輩に繰り返してほしくないと

いう思いから始めた職場内研修 (OJT)、その後全国各地で行ってきた研修で伝えてきたことをもとに執筆したのが、本書です。

この本では、初めて滞納整理の仕事に就いた職員が抱きがちな心理的な不安を払拭し、初心者でも理解できる言葉で、具体的にどう行動すればよいかをわかりやすく伝えることを心がけました。

また、ただ漠然と滞納事案を処理するのではなく、組織の方針・目標を理解した上で、優先順位を考え、個人目標を明確に掲げて仕事を進めていくにはどうすればよいか、そのヒントを詰め込んでいます。

まずは、滞納整理のイメージを描いた上で、どのように滞納事案に取り組んでいけばよいかを考えていきましょう。もちろん、最初から完璧を目指すのは難しいもの。ベターでも十分です。日々の業務の振り返りにより、常に改善を図り、ベターを積み重ねることでベストに近づける心構えが大切です。

さらに、徴収職員には、自らの滞納事案を処理した経験を組織にも還元し、係や班、さらには課にさまざまな経験を常に伝えることで組織自体の経験知を強固なものにすることが求められます。

つまり、「組織知」を蓄積することで、管理監督者・管理職が異動しても「当たり前のことを当たり前に処理できる」組織にしていくことが大切です。

この本を読み終えたとき、皆さんが最初に抱いていた地方税徴収の仕事の印象が変わっていれば、うれしいかぎりです。そして、もしそうであれば、やりがいや達成感、そして楽しさも感じられるようになっているはずです。

「徴収担当の仕事を経験できてよかった！」

本書をお読みいただき、仕事に取り組んだ上で、次の異動のとき、こう思っていただければ、これに勝る喜びはありません。

2018 年 8 月

藤井　朗

地方税の徴収担当になったら読む本 ● 目次

はじめに …………………………………………………………… 2

第1章 徴収担当の仕事へようこそ

1 徴収担当の仕事とは？ ………………………………………… 10

2 徴収事務の基本的な流れ ……………………………………… 12

3 徴収担当の年間スケジュール ………………………………… 15

4 徴収担当の３年間でやるべきこと …………………………… 20

5 徴収担当で磨く３つの力 ……………………………………… 23

第2章 徴収担当の心構え

1 納期内納税者を増やす ………………………………………… 28

2 公平・公正に対応する ………………………………………… 32

3 秘密は絶対に守る ……………………………………………… 36

4 仕事はチームプレー …………………………………………… 40

5 共感する、信頼を築く ………………………………………… 44

6 明るく、楽しく、前向きに …………………………………… 48

7 広げる、つなげる、教え合う ………………………………… 52

8 行動を起こすための思考４段階 ……………………………… 56

第3章 滞納整理の基礎知識

1 地方税のしくみ ……………………………………………… 60

2 納税通知・申告 ……………………………………………… 63

3 督促・催告 …………………………………………………… 65

4 納税相談 ……………………………………………………… 68

5 財産調査 ……………………………………………………… 70

6 差押処分 ……………………………………………………… 72

7 取立て・公売 ………………………………………………… 74

8 執行停止 ……………………………………………………… 76

9 延滞金減免 …………………………………………………… 78

第4章 徴収担当のセルフマネジメント

1 セルフマネジメント ………………………………………… 82

2 日常業務の優先順位 ………………………………………… 86

3 事案管理①滞納事案の4分類 ……………………………… 91

4 事案管理②「見える化」 …………………………………… 96

5 事案管理③視覚的管理 ……………………………………… 101

第5章 徴収事務の組織マネジメント

1 目標管理①事務運営計画 ……………………………… 108
2 目標管理②数値目標計画 ……………………………… 112
3 進行管理①進行管理会議 ……………………………… 117
4 進行管理② PDCA サイクルの実践 ………………… 122
5 進行管理③ヒアリングと進捗確認 ………………… 124
6 危機管理・トラブル事案への対応 ………………… 128
7 OJT・部下指導 ……………………………………… 133

第6章 納税交渉のポイント

1 納税交渉の基本的な進め方 ………………………… 138
2 不要な接遇ミスは犯さない ………………………… 143
3 最初にはっきり基本的方針を示す ………………… 145
4 明確な期限を設定する ……………………………… 148
5 分割納付は「4つの条件」で ……………………… 150

第7章 財産調査のポイント

1 財産調査の基本的な進め方 ………………………… 156
2 預金照会では取引内容に着目する ………………… 160
3 臨戸から捜索に切り替える ………………………… 164

第8章 差押えのポイント

1 差押えの基本的な進め方 …………………………… 170
2 差押えの速効性と遅効性 …………………………… 173
3 差押処分を見極める勘どころ ……………………… 178
4 差押えすべきか迷ったとき ………………………… 181
5 普通預金の差押えと取立て ………………………… 185

第9章 きめ細やかな滞納整理の実現

1 さまざまな滞納者たち ……………………………… 190
2 現場でつかむ ………………………………………… 194
3 「ひと手間」かけて接触する ……………………… 198
4 失敗事案を分析し、共有する ……………………… 202
5 低所得者・生活保護受給者への対応 ……………… 205

おわりに ……………………………………………… 208

第 1 章

徴収担当の
仕事へようこそ

1 ◆徴収担当の仕事とは？

▶▶ 人事異動内示の第一印象

　本書を手にとってくださった皆さんは、人事異動の内示を告げられて、どのように感じたでしょうか？

　私は長年、全国各地の自治体に研修講師として出かけています。研修会の後に行われる参加者との懇親会では、参加者が最初に異動の内示を耳にしたときの本音が出てきます。

　ほとんどの職員は、「納税課」や「収納課」など、徴収担当の部署への異動は想定外で、上司から聞かされたとたんに、心の中で、落胆の悲鳴を上げるようです。「よりによって、なぜ自分が税の徴収担当の仕事をしなければならないんだ！」と、まるで交通事故にでもあった気持ちで落ち込んでしまう人もいます。

　そうした職員は、自治体の税務関係の窓口などで住民と徴収担当者が言い争っているような言葉のやり取りを見たことがあるのでしょう。また、同僚や先輩からトラブルの事案について話を聞いて、「きつい仕事」というイメージを持った人もいるかもしれません。

▶▶ 心配はいりません、普通の仕事です

　一般行政事務に携わる地方公務員は、国の税務機関の職員と違って辞令ひとつでどこの部署にも異動になります。福祉部門から税務部門へ、税務部門から教育部門へ、といった異動はよくあることです。これらの部門は特殊な能力や経験を必要とする仕事ではないからこそ、一般行政事務の範疇に含まれています。

10

ですから、徴収の仕事も、他の行政事務と何ら変わるものではありません。また、男性が向いているとか、女性には向いていないということもありません。後述しますが、男性だけではできない仕事です。女性だからこそ力を発揮できる場面もありますし、若手でも、経験が浅いからこそしがらみが少ないことを武器にできる場合もあります。

▶▶ 徴収担当の仕事の意義

自治体にさまざまな仕事がある中で、徴収担当の仕事は、唯一の歳入部署であるという特徴があります。

自治体の各部署は、住民に対して各種の行政サービスを計画して、予算案を作成します。こうした中、徴収部門は、歳入の税収入を担当する唯一の部署です。徴収担当が直接、歳入を確保しているからこそ、他部署は住民へのさまざまなサービスを行うことができます。自らの財源を自らの手で確保することは、自治体にとって非常に重要な仕事だといえるでしょう。

誰かが徴収の仕事をしなければ、行政サービスの財源を確保することはできません。だからこそ、やりがいと使命感、誇りと自信を持ってください。

徴収の仕事が嫌だ、怖いというままでは、ネガティブな気持ちにとらわれてしまい、仕事を前向きに続けることはできません。まずは、割り切って考えてみましょう。

すでに述べたとおり、徴収の仕事は、他の行政事務と同じであり、法令に基づいて行われます。地方税法や国税徴収法などの法令に基づいて事務処理するため、法的な面でミスがないかぎり、滞納者の言い分は通りません。徴収の仕事で命をとられることもなければ、辞めさせられることもありませんので、安心してください。

異動の内示を受けて、徴収の仕事にネガティブな印象を持っていた職員が、その後この仕事にやりがいを見出し、成長していく姿を私はたくさん見てきました。徴収の仕事で得られるものは、その後異動になり、他の部署に行っても必ず役立ちます。

2 ◆徴収事務の基本的な流れ

▶▶ 徴収事務の6ステップ

　どんな部署に異動になったとしても、早い段階で仕事の基本的な流れをつかむことが大切です。そこで、まず徴収事務の流れをお伝えします。
　徴収事務は、その前提である課税事務を含めて、大きく以下の6つのステップで行われます。詳しくは、第3章で解説しますが、ここでは概要をざっくり見ていきましょう。どんな仕事をするのか、イメージを持っておいてください。

■徴収事務（滞納整理）の流れ

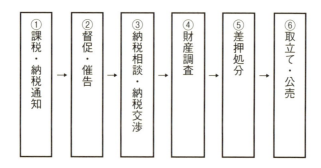

▶▶ ①課税・納税通知

　地方税法には、自治体が課税することができる税目が定められています。例えば、個人住民税であれば、その自治体に住んでいる住民の所得に対して一定の率を乗じて額を算出したのち、6月上旬（6月1日の自

治体が多い）に納税通知書を発付します。その納税通知書には、それぞれ納期限が定められています。この納期限を定めて通知することなどを「課税事務」と呼び、具体的には「納税通知書」を送付します。

そして、この納期限までに納付する人を「納期内納税者」と呼び、納税者の約9割はこの納期内納税者です。これに対して、これから説明する1割弱の人が「滞納者」等と呼ばれる人たちです。

▶▶ ②督促・催告

納期限が過ぎても納付のない納税者には、地方税法の規定による督促状を発付します。規定では、納期限後20日以内に発付することとされ、督促状を発付した日から10日を経過した日（11日目）までに滞納額を全額納付しなければ、財産を差押えなければならないとされています（ただし、これらは、一定の義務を課しているものの、その違反に対して罰則の適用はない「訓示規定」とされています）。改めて、この段階で「納税者」は「滞納者」となり、滞納票が出票され、各担当職員に回ってきます。

地方税法では、督促状が差押処分の前提条件とされています。また、督促状は、滞納事案1件について1回だけ発付されるもので、何回も発付されるものではありません。

督促状が発付され、それでも納付されなかった場合には、催告を行い、自主的納付を促します。催告は、督促状を発付しても未納の場合に納付を促す行為全般のことで、文書催告や電話催告があります。

なお、初心者は「督促状」と「催告書」を混同しがちなので注意しましょう。督促状の発付は1回だけですが、催告書は何回出しても特段問題はありません。

▶▶ ③納税相談・納税交渉

督促・催告により連絡がとれたら、滞納者と納税相談・納税交渉を行います。滞納原因や納付計画について具体的に話し合い、自主納付を促

します。直接面談して行う場合もあれば、電話によって行うこともあります。また、臨戸して（相手先をこちらから訪ねて）行うこともあります。

▶▶ ④財産調査

催告しても反応がなかったり、納税交渉をしたにもかかわらず、納付の約束を不履行にされたりした場合などは、滞納者がどのような財産を保有しているか、財産調査を行います。

税務部門の保有する住民情報を元に組織内調査を最優先に行いますが、必要に応じて金融機関など民間に調査を依頼することもあります。

また、財産調査を行ったものの、まったく財産が発見されないような場合（「表見財産がない」といいます）、国税徴収法の規定により、滞納者の自宅等を捜索することもできます。これは、あくまでも滞納者の財産調査の一環で行うものであり、裁判所の捜索令状は必要ありません。徴収職員の身分証明書の呈示で捜索することができ、場合によっては、玄関の錠前を壊して捜索することもできます。

▶▶ ⑤差押処分

財産調査によって、財産を特定したら、差押処分という滞納処分に進みます。具体的には、金融機関の預金口座を差し押さえる場合もあれば、債権や売掛金、不動産、自動車の差押えなど、多岐に渡ります。

▶▶ ⑥取立て・公売

差押処分による差押財産は、金銭を除き、換価（強制的に金銭に換える）処分を行います。換価には、取立てによるものと、公売によるものがあります。換価によってその代金を滞納租税全額に充当した段階で、滞納が解消します。

ただし、皆さんの仕事のゴールは、ここではありません。本書を通じて繰り返し述べますが、大切なのは、納期内納税者を増やすことです。

3. 徴収担当の年間スケジュール

▶▶ 徴収職員に求められるスケジュール管理

　徴収担当の仕事では、スケジュール管理がとても重要です。

　その上で、大切なのは、担当として自分のスケジュールを立てる前に、まず所属する組織の取組み方針を確認すること。組織方針を無視して、自分勝手な取組みをするようでは、組織の一員としては失格です。全体の取組み内容を確認した上で、自分自身の受命している滞納事案にどのように取り組んだらよいのか考えていく。この基本を押さえておいてください。

▶▶ 出納閉鎖までの4～5月の取組み

　自治体では、4月の異動は定期異動ということもあり、たくさんの職員が異動しますが、4～5月は徴収部門の職員にとって、最も重要な期間です。

　なぜなら、決算に向けて、出納閉鎖（5月末日）までに、前年度の現年課税分の徴収されていない未納分を徴収することが求められるからです。前年度以前に課税されたもので、課税した年度内に完納されず、翌年度以降に繰り越された滞納繰越分については、3月末で計数が確定するため、前年度の決算には反映しません。そのため、前年度の現年課税分の未納者だけがこの期間における徴収の対象となります。

　まずは、この期間の対象となる未納者リストを作成し、これまで接触のある滞納者との交渉経過を確認し、納付約束の期日と納付金額を記録します。リスト全体を眺めると、記録が空欄の滞納者がたくさん目につ

くはずです。この未接触の滞納者に対しては、できるだけ効率的な取組みを検討する必要があります。具体的には、電話催告を行います。なぜなら、おそらく年度末までに、催告文書が何度も滞納者に郵送されていても反応がないと推察できるからです。例えば1日50件など、目標やノルマを設定して取り組みます。

電話催告等をしてもまったく連絡がつかない滞納者に対しては、臨戸を設定します。つまり、滞納者が本当にそこで生活しているのかどうかも含めて確認を行います。この臨戸は、ゴールデンウィーク前に設定すると効果が高まります。なぜなら、休み明けに臨戸して本人と接触すると、ゴールデンウィークで散財してしまったということがままあるからです。

ゴールデンウィーク後は、約束していた滞納者が納付しているかどうかを確認します。納付されていないようであれば、再度連絡をとりましょう。確認し、連絡するという取組みを徹底することで、催告等の精度を上げることができます。

▶▶ 6月は滞納繰越分のチェック

5月末の出納閉鎖が終了すると、前年度現年課税分の未納は、自動的に当該年度の滞納繰越分に繰り越され、「滞納繰越事案」となります。これに前年度3月末で確定した滞納繰越分の未納と合算すると、当該年度の滞納繰越分の合計額になります。

さて、6月の段階では、前年度の決算確定の最終調整が行われ、前年度の決算額が決定します。この時期は、当該年度の現年課税分の定期課税（例えば、自動車税や固定資産税、個人住民税）により、納税通知書が届いて、納期限までに納付することとなっています。しかし、納期限の直後のものもあるなど、まだ正式な納付とはなっていない段階です。

そこで、この時期は、改めて滞納繰越事案をチェックする時期だと考えましょう。チェック項目としては、高額滞納事案、長期累積滞納事案、当該年度に時効が完成する滞納事案といった内容ごとにリストを作成すると、「見える化」されて一目で確認できます。高額滞納事案の定義は

それぞれの自治体で異なりますが、例えば50万円以上をリスト化します。

長期累積滞納事案に関しては、古い滞納事案ほど早期に処理しなければならないと考えます。そして、どのような納付状況になっているかチェックし、直近の2年間まったく納付がない、納付があるものの滞納金額に見合った納付になっていない、といったことを確認して、今年度の簡単な処理方針をリストの備考欄に記入します。

さらに、当該年度に時効が完成する滞納事案があるとすれば、この時期こそリスト化して、チェックをかけます。このチェックの徹底がされていないと、年度末になると、5年間まったく差押処分もしていなければ納付もない滞納事案（地方税の一般時効＝消滅時効）が多数発生します。これは住民側から見れば、職員が5年間処分等をしなかったことによるもので、職務怠慢と判断されかねません。

滞納事案のうち、優先順位が一番低いのが、少額滞納事案です。この定義も自治体によってさまざまですが、例えば20万円未満なのであれば、これもリスト化します。少額滞納事案は滞納繰越分全体から見ると金額のウェイトは非常に少ないものの、事案処理を行わないと前掲の一般時効事案になる確率が高くなります。少額滞納事案は月末の最終週の1週間だけ処理するとか、四半期毎に2週間だけ処理するといった方法で、意識的に取組み期間を設定するのも1つの方策です。

この6月における滞納繰越分のチェックが、これから取り組む1年間の大切な準備期間となります。

▶▶▶ 7～8月の暑い時期の取組み

出納閉鎖が終わると、鬱陶しい梅雨時期から、あっという間に真夏日、猛暑日が続く季節がやってきます。徴収職員にとって、この暑い夏場は、具体的な取組みのための仕込期間といえます。ただ漫然と過ごすのではなく、先を見据えることが大事な時期です。

例えば、長期累積滞納事案のリスト化されたもののうち、市町村であれば、当該自治体に固定資産を所有している滞納者がいれば、まずその

不動産の差押処分をライン生産的に行うのがおすすめです。徴収部門の同じ係内で同様の長期累積滞納事案の不動産登記簿を請求した後、係員全員で登記嘱託書担当、差押調書担当等と分担を決めて、一斉に流れ作業的に書類の作成をします。何人もの職員が違った目でチェックをかけることで、書類の不備をなくすだけでなく、大量の処理件数を短期間に行うことができます。

　何より、この不動産の差押処分の書類作成は、庁舎の建物内で仕事ができます。猛暑日が続く中、連日臨戸に出かけることよりも効率的に仕事ができるといえるでしょう。

　真に必要な臨戸はしなければなりませんが、優先順位を考慮した上で天候・効率も配慮することが大切です。臨戸は想像する以上に体力を消耗するため、熱中症予防の観点からいっても7～8月の暑い時期に行うのは避けるべきでしょう。

▶▶ 9～12月の取組み

　秋口になり気候が安定したところで、年度前半に催告等を実施したにもかかわらず、何の反応もない滞納事案のリストを作成して、一度臨戸を実施します。

　突然、予告もなく臨戸すると、滞納者の中には、驚いてこれまでの態度を見直そうとする人もいます。滞納者が不在の場合には、あらかじめ用意した不在者宛ての催告文書を郵便受けに差し置いておくこともあります。

　臨戸を行っても何ら連絡もない事案については、財産調査権に基づく調査を行います。判明した財産から差押処分に着手する一方、まったく財産がないことが判明した場合には、滞納処分の執行停止を検討する必要があります。

　この時期は、篩にかけた取組みにより、事案ごとに最終判断を下す頃合いです。処分できる事案、執行停止する事案、まだ判明していない事案といった具合に大きくグルーピングして各滞納事案の処理を進めます。

▶▶ 翌年1〜3月の取組み

　新年が明けて間もない時期は、臨戸や処分は少し控えて、年度末に向けて、全体の滞納事案がどのように処理されているか、または処理されていないか確認します。

　財産調査を進めても財産がなければ、この時期に執行停止の処理を行います。また、財産調査を行ったものの、調査するだけで最終処分もなく中途半端に放置されている滞納事案がないかも確認しましょう。

　なお、滞納処分の執行停止の処理に対して抵抗感を抱く人（組織）もいます。つまり、「調査すれば必ず見つかるから、それまで財産調査を継続せよ」というわけです。しかし、どこかの時点で滞納事案を見極めることも必要です。むしろ、中途半端に滞納事案を放置しておくことが徴収職員のモチベーションにも悪い影響を及ぼしかねません。一定の調査が行われたのであれば、判断するための起案を上げることも大切です。

　このように1年間取り組んだら、総括し、効果があったものとそうでないものに分け、次年度に向けて整理しておきましょう。

4. 徴収担当の３年間で やるべきこと

▶▶ 滞納事案処理だけでなく滞納整理全体を理解する

　初めて徴収担当に就き、次の異動まで、仮に３年間滞納整理の仕事を行うとしたら、しっかりと目標を立てて取り組むことが大切です。

　次の人事異動までのつなぎ期間として漫然と過ごすのではなく、「徴収の仕事をしてよかった」と言えるようにしたいもの。そのためには、滞納整理全体の概略を頭の中に入れて、今いる位置がどの地点なのか確認しながら業務を進めることが重要です。

　茶道、武道、芸術の世界で、修業における段階を示す「守破離」という言葉があります。「守」は、師や流派の教え、型、技を忠実に守り、確実に身につける段階。「破」は、他の師や流派の教えについても考え、良いものを取り入れ、自分なりのやり方を模索する段階。「離」は、１つの流派から離れ、独自の新しいものを生み出し確立させる段階とされます。この「守破離」を意識しつつ、３年間、仕事に取り組んでいきましょう。

▶▶ 基本を身につける１年目

　徴収担当１年目は、「守破離」でいう「守」の段階です。とにかく自分の受命した滞納事案をどのように処理するか、基本的なことを学んでいきましょう。そのためには、同じような処理を何度も繰り返すことが必要です。多くの自治体では、経験則的に過去の事案処理を進める上での効率的な方策を確立しています。そこで、まずは周囲の職員に、簡単かつ日常で頻繁に使う仕事の内容から教えてもらいます。

　最初は、日々の滞納者への連絡や交渉といった、文書催告や電話催告

の仕方から入るのが一般的です。さらには、臨戸等を体験して積極的に滞納事案の処理を進めていきましょう。この時期に大切なのは、教えてもらったことを必ずメモして、さらにその内容をノートに記録しておくことです。

3か月から半年が経過したあたりで、滞納者との交渉も含めて業務全般の仕事を1人で処理できるようになるのが、当面の目標です。そして、少しずつ滞納事案ごとの違い、あるいは共通する部分を感じ取れるようになるはずです。もちろん、根拠条文も確認するなど、行動だけでなく理論も兼ね備えた職員になるよう努力することが大切です。

なお、この時期は、先輩・上司などの教える側にとっても重要です。新人がスタートでつまずかないよう、仕事の流れを説明しながら、今の仕事はこの位置だと伝えることが大切です。

▶▶ 徴収職員としての幅を広げる2年目

2年目に入ると、「破」の時期を迎えます。一般的には職場に後輩職員が配属され、先輩として指導も担うようになります。単に、納税交渉、財産調査、差押処分ができるだけでは一人前の徴収職員とはいえません。滞納整理の幅を広げるためにも、周囲や先輩から教えてもらったことを振り返って、さらに効率的・効果的な取組み方法を模索していきましょう。

どんな仕事にも、改善すべきことは必ずあります。気がつくかどうかは職員が持っている感性次第。感性を磨くためにも、深く考えることを心がけてください。

また、滞納者の言い分を聴くだけでなく、納付に結び付けるためにどう滞納を解消するように導くか、収入のバランスを計画させるなど滞納者と関わる範囲でベストを尽くしましょう。上司から言われたことを機械的に事務処理するだけでは、不十分です。

例えば、差押えをして、取立てできたら、それで完結とはいえません。取り立てたら、口座振替に加入してもらい、滞納を発生させないようにしてようやく完結です。1つの表面的な事象だけで判断するのではなく、それを普遍的に広げて、納期内納税者を増やすという根本解決を図る術

を考える時期といえます。

組織運営に関わる3年目

　3年目の「離」の段階では、受命した個別の滞納事案の処理だけでなく、係・班全体の運営に関与することが求められます。

　直接組織運営に携わることは難しいとしても、自ら手を挙げて係・班の職場内研修（OJT）の担当を務めたり、経験の浅い職員を短期間で一人前に育成するための研修計画を策定したり、関与できることはいくらでもあります。組織のために何ができるかを考え、自発的な貢献力を発揮することが期待される時期です。

　目の前の滞納事案の処理を繰り返すだけでなく、係・班に不足していることを振り返り、それを補強することを心がけましょう。また、滞納整理という、税に関する仕事における最終工程、川の下流に位置する仕事だからこそ、気づくこともあるはずです。上流である課税の仕事では気がつかないようなこともわかるようになると、視点が格段に広がり、仕事がもっと楽しくなります。楽しくするためにも、一段高いステージから物事を捉える視点を身につける時期です。

自分自身を磨く

　一般的には、徴収の仕事に就く期間は3〜5年程度です。その限られた時間の中で、最大限吸収して、公務員としての成長を心がけてください。継続して努力している職員は、表情・発言に自信がついてきます。

　大切なのは、継続することです。江戸後期の儒学者・佐藤一斎は『言志四録』において、「少にして学べば、則ち壮にして為すこと有り。壮にして学べば、則ち老いて衰えず。老いて学べば、則ち死して朽ちず」という言葉を残しています。生涯学ぶこと・学ぶ姿勢を追求することで、人生は豊かになります。その人生を豊かにする土台をぜひ徴収の現場でつくりましょう。

5. 徴収担当で磨く3つの力

▶▶ 徴収の仕事はチャンス！

　徴収担当の仕事には、①セルフマネジメント力、②交渉力、③育成力という3つの力が求められます。

　逆にいえば、徴収の仕事を真摯に取り組めば、この3つの力を磨き、養うことができるともいえるでしょう。そして、これらの力は、自治体職員であれば、どんな部署でも必ず役立つものです。

　異動内示を受けて、沈んだ気持ちになり、ともすれば、「ピンチだ」と思った人もいるでしょう。しかし、むしろ、徴収担当の仕事は、これらの力を磨くことができる大きな「チャンス」といえます。

　滞納事案を日々処理するだけでなく、目的意識を明確に持ちながら取り組むことで、5年後、10年後、大きな成果になって表れてきます。

■徴収担当で磨く3つの力

セルフマネジメント力

自ら優先順位をつけて効率的に仕事を進める力

交渉力

相手と話し合い、問題を解決に導く力

育成力

自らの経験を同僚・後輩・職場に還元する力

第1章　徴収担当の仕事へようこそ

セルフマネジメント力

税の課税であれば、当初課税等の時期が決まっています。

一方、滞納整理は、地方税法や国税徴収法の規定にも、どの時期までに何をするということは定められていません。しかし、決まっていないことを理由に、受命している滞納事案のマネジメントをせず、管理監督者・管理職の指示を待っていると、いわゆる「指示待ち人間」となってしまいます。

受命した滞納事案を読みこんだ上で、時間・時期等も考慮しながら、しっかりと優先順位を決めて仕事に取り組むことが求められます。3年間、徴収の仕事を行うことで身につく一番大きな力が、このセルフマネジメント力です。

セルフマネジメント力は、自治体職員としての仕事のベースでありながら、なかなか身につけられずにいる職員も少なくありません。しかし、徴収の現場では、自ら滞納件数・滞納人員数の年間処理目標を設定して、目標達成に向けて試行錯誤を繰り返すことで、確実に身につけることができます。この力は、その後どんな部署に異動になったとしても、確実に役立つでしょう。

また、将来的に管理監督者・管理職になったときに、特に求められる力です。

交渉力

滞納整理の業務では、滞納者と交渉して、滞納事案の解決を図ることが基本です。その過程では、文書催告、電話催告、臨戸を活用して直接滞納者と対話することを心がける必要があります。

大切なのは、滞納者の言い分だけを聴くだけではなく、納付へ結び付ける交渉を心がけることです。

滞納者と1対1で直接行う交渉を通じて、担当者は間違いなく交渉力がアップするはずです。そして、この交渉力は、他部署との調整はもちろん、住民や民間企業、関係団体等を含め、自治体職員であればどんな

部署であっても欠かせないものです。自分の意見を述べる場合であれば、相手が受け入れやすい雰囲気を作り、リードするコツなどは、さまざまな場面で必ず活かせるでしょう。

▶▶ 育成力

　滞納整理は、自治体では数少ない、個人の能力差がはっきり実績として反映される仕事です。一方で、誰もが自分の仕事としてやるべきことをすれば、特に能力が高くなくとも一般の職員であれば平均以上の実績は残すことができる仕事ともいえます。

　そこで核となるのは、組織で仕事をするという自覚を持つことです。受命事案については職員が個々に対応するとしても、トラブルが発生したり、壁にぶつかったりして進展しなくなったときには、係・課でバックアップする姿勢が求められます。

　だからこそ大切なのが、個人の「経験知」を組織としての「組織知」にすることです。もし、何か失敗したことがあれば、それを繰り返さないためにも、周囲の同僚・後輩に原因や回避すべき方法を教えましょう。そして、自分が教えてもらったことは、自らの経験を付加した上で、同僚・後輩に伝え、育成していくことが大切です。

　ここで重要なのは、「失敗の共有」です。経験の浅い職員は、人に教えることなんてないと考えがちですが、自分の失敗を披露するだけでも、組織知になります。こうした経験を積むことができる職場こそ、滞納整理の現場なのです。

第1章　徴収担当の仕事へようこそ

25

第2章

徴収担当の心構え

1 ◆納期内納税者を増やす

▶▶ 納期内納税者とは

　滞納整理の仕事では、滞納者をいかに納期内納税者にするかが徴収職員の腕の見せどころです。

　バブル崩壊後、徴収職員はとにかく滞納金額の圧縮に悪戦苦闘してきました。それから二十数年経過した現在では、ほとんどの自治体では、滞納を発生させないことに主眼を置いています。つまり、前年度以前に課税されたものの、翌年度以降に繰り越された「滞納繰越分の圧縮」から、新規滞納者を抑制するための「現年度課税分の徴収強化」にシフトしているのです。

　徴収部門にとって、究極の目標は、現年度課税分の徴収率を100％にすること。その近道こそが、納期内納税者を増やすことです。皆さんのゴールは、滞納事案の処理だけでなく、発生させない処理をすることと考えましょう。

▶▶ 納付方法と手数料の関係

　滞納事案に関わる納付方法には、現在、指定金融機関で支払う方法やコンビニエンスストアでの収納代理、さらにはクレジット納付や電子納税などさまざまな手段が設定されています。

　しかし、これらはいずれも支払った件数に対して、各自治体が金融機関やコンビニに手数料を支払っています（手数料は全国一律ではなく、各自治体の契約によって金額には幅があり、公金の場合は手数料を無料としている場合もあります）。

28

「最少の経費で最大の効果を挙げるようにしなければならない」とする地方自治法の条文に照らせば、経費を極力抑えて税収を確保しなければなりません。そこで、手数料の負担もふまえて、納付方法について考えてみましょう。

▶▶ コンビニ収納

平成15年度から始まった、税金のコンビニでの収納代理は、今では指定金融機関に代わる新たな収納の1つに定着しました。全国展開している24時間営業のコンビニは、「いつでも、どこでも」を合言葉に納税者にはとても便利な納付場所になりました。自治体や銀行の窓口と違っていつでも対応してもらえることはもちろん、各自治体のエリアに限定することなくどこの店舗でも取り扱ってもらうことが可能です。共働き家庭の多い現在では、職場等の近くのコンビニで納付できるのは、大きなメリットといえます。

一方、コンビニ収納で唯一限定されていることが、1枚の納付書で30万円を超える金額は収納できないということです。もともと高額の商品を設定しておらず、金額に制限があることを考慮する必要があります。

コンビニ収納では、自治体は1枚の納付書につき、約60円程度の手数料をコンビニチェーンの本社に支払わなければなりません。滞納者がコンビニで納付するのであれば、費用対効果は十分あるものの、これまで金融機関で支払っていた納期内納税者がコンビニで納付した場合、自治体の負担が増えることを理解しておく必要があります。

▶▶ クレジットカード納付

世の中の流れが現金決済からクレジットカード決済に移行する中で、クレジットカード納付も増えてきました。納税者や滞納者本人に代わってクレジット会社が一時立て替え払いをすることで納付し、その代わり納税者や滞納者が決済手数料を自治体の納付受託先であるクレジットカード会社に支払います。キャッシュレス化が進んだ現代において、カー

ド1枚で納付決済ができることはとても魅力的であるといえるでしょう。

クレジットカード納付に伴う手数料については、当初は自治体が一部負担していました。現在も一部負担していますが、基本的には納税者や滞納者が利用することから、利用者負担とする方向で進んでいます。

特に、手数料の算定が定率制を導入しているのであれば、納付金額が高額になればなるほど負担額も増えます。また、定額制となってもクレジットカード納付による手数料は口座振替の手数料と比較すると大きいものです。

▶▶ 口座振替納付

口座振替納付は、納税者に事前に引落し金融機関の口座を登録してもらい、定期的に引き落とす制度です。

自治体の研修で実状を確認すると、口座振替納付の推進に積極的に取り組んでいるようには思えません。おそらく、口座引落日に預金が不足していると引き落としできず、改めて本人にその旨を通知し、さらに引き落としができなければ別途督促状を発付するなど手間がかかることがその理由として考えられます。

しかし、口座振替の利用者は、通常は必ず納期内納税者となります。

「10人に声をかけたとして、口座振替に応じてくれるのは、せいぜい1〜2人程度ですよ」と言う人もいますが、声かけするために必要な手間や労力はわずかで、所用時間は1分もかかりません。だからこそ窓口や電話での交渉も含めて、組織全員で口座振替の勧奨に取り組むべきでしょう。

1人の徴収職員が1年間で口座振替に加入させることができる人数が20人でもかまいません。20人の組織だとすれば、結果として年間400人（20人×20人）の新規納期内納税者を獲得することになります。高額滞納者の事案を処理し、税収を確保した職員ばかりをほめるのではなく、地道に納期内納税者を増やすことに実績を挙げている職員も同様に評価されるべきでしょう。

納期内納税者を増やすべく地味にコツコツ努力を積み重ねる職員こそ、滞納整理の仕事に向いています。派手さはなくとも、「滞納者を発生させない」という点では、最高のパフォーマンスだといえるのです。

▶▶ 納期内納税の中で特に口座振替を中心に

ある県での研修中に、その自治体の口座振替の加入率を確認したところ、「7割」との回答を聞いて、3〜4割程度の自治体が多いため、その高さに驚いたことがあります。つまり、努力次第で、加入率を7割まで高めることができるということです。口座振替の加入率が3〜4割の自治体では、まだまだ努力する余地があるといえるでしょう。

口座振替は、自治体にとって大きなメリットがあります。最も客観的に納期内納税者をカウントできることはもちろん、各自治体が金融機関に支払う1件当たりの手数料は数十円程度です。数十円で滞納が抑止され、納期限に自動的に引き落としされることで滞納処理の事務コストが削限され、税収につながるのであれば、こんな便利なものはありません。

コンビニ収納やクレジットカード納付が、自治体・納税者ともにそれなりの負担が強いられることを考慮すると、口座振替の加入率を増やす努力をすることで、「最少の経費で最大の効果」を追求することができるでしょう。

どんな仕事でも、目先のことだけでなく、長期的な目標も見据えた取組みが大切です。若手職員であれば、特に短期的思考と長期的思考を常に意識し、「鳥の目」（遠視眼・大局的俯瞰図）と「虫の目」（近視眼・複眼・緻密な虫眼鏡）、さらに時代の流れや変化をつかむ「魚の目」を持つ、バランスのとれた職員を目指しましょう。

2 ◆公平・公正に対応する

▶▶ どんな圧力にも屈しない

滞納整理の現場では、常に公平・公正に納税者や滞納者と向き合う必要があります。

徴収職員は、さまざまな場面で滞納者、あるいは自治体の内部から、直接・間接を問わず圧力をかけられることが想定されます。

滞納者が首長に圧力をかけて滞納を見逃すように要請し、その結果、首長と滞納者本人の間に何らかの親しい関係があるため、首長自身が滞納処分の決定の際に処分保留にした事案もあります。また、捜索すると滞納者が怒鳴り込んでくることが予想されるため、上位者（担当部長）が、その対応が煩わしいことを理由に、「私は来年３月で定年退職なんだよ。わかるか。もっと他の手段はないのか」と言い放ち、滞納処分が保留になった事案もあります。これらは、私が実際にさまざまな自治体の徴収職員の方から聞いた話です。

上位者が保身のために一部の滞納者を処分しないでおこうとする雰囲気では、部下の職員の士気は上がりません。皆さんには、これらは反面教師として、自分が将来上位のポストに就いたときには、絶対にこのような士気の下がる言葉は言わないと心がけてほしいものです。

さて、なぜ徴収職員には、こうした圧力がかけられるのか。それは、徴収職員に滞納整理に関する大きな権限があるからです。だからこそ、法律や規則等に照らし合わせて、圧力による要求に対しても「できないものはできない」と毅然と断ることが求められます。もちろん、ただ断るのではなく、断った上で、相手に納得してもらうことも大切です。

滞納者が「前任者とは処分の仕方が違う」などと言って言いがかりを

つけて、本人が不利益にならないように威圧してくるケースもあるでしょう。しかし、徴収職員は法に則り、まず自らの考えをまとめ、その方針に沿って進めることが大切です。ブレることなく、どの納税者・滞納者にも公平・公正に対応する。これができるようになって、初めて一人前の徴収職員といえます。

▶▶ 必ずしも前任者の考えを引き継ぐ必要はない

「前任者は電話催告や文書催告書をこまめに送付してくれたのに、貴方は電話催告や文書催告は１回だけで差押処分をする。とんでもない職員だ。もっと私の言うことを聴くことが必要だ」

私が滞納整理を始めた頃、滞納者からよく言われた言葉です。要するに、前任者は滞納者にとって優しい担当者だったのでしょう。滞納事案が山積していた当時、多くの徴収職員は、「バブル崩壊」という錦の御旗を掲げて、滞納事案が解消されない現状に甘んじていました。滞納者の一方的な言い分だけを聴き、何年も納付がないにもかかわらず、差押処分ひとつしない。滞納金額に見合わない分割納付も了解する。前任者の対応は、本来の滞納事案の処理とはいえなかったのです。

現在はこのような状況は改善され、滞納事案は少なくなってきていますが、滞納事案が複雑化し、１件の調査に時間がかかっているのが実態です。

前任者が行った滞納者との交渉の記録は、後任者も継続して引き継ぐべきでしょう。しかし、あまりにも法令に基づく処理から逸脱しているなど、考え方が大きく異なるのであれば、それまで引き継ぐ必要はありません。毅然と滞納処分を行うことを心がけてください。なぜなら、滞納を早期に処理することが滞納者本人にとって最もよいことなのですから。

▶▶ 他自治体との温度差は割り切る

滞納処分の取組みは、自治体によって温度差があります。それゆえ、滞納者の中には、滞納処分が緩やかな自治体から厳しい自治体に住所移

転したとたんに、「前の自治体では執行停止処分で助けてもらったのに、ここでは差押処分となっている。いったいどうなっているんだ」と怒鳴ってくる人もいます。

しかし、滞納者の言い分に屈するわけにはいきません。あくまで他の自治体の処分は他の自治体のことであると割り切って、安易に妥協しない姿勢を貫くことが大切です。

もし、こうした滞納者が同じ自治体から何人も移動しているのであれば、近隣の自治体間協議で滞納処分の進め方について意見交換をするなど、温度差の解消へ向けて努力することが求められるでしょう。

いずれにしても、安易に滞納処分の執行停止をしていると、そのことが住民の代表である議員に伝わり、議会で追及されるおそれがあります。

なお、過去にトラブル等があり、自治体として当該滞納者と再度の納税交渉や差押処分を避けたい場合、個人住民税に関しては地方税法48条に基づき、広域的自治体である、都道府県に権限移管することもできます。過去のしがらみがない、都道府県職員に滞納処分をしてもらうという方法です。この地方税法48条の活用により、当該自治体と都道府県間の処分の格差が是正されます。また、取組み方法やノウハウの共有だけでなく、滞納整理の知識移転につながるため、積極的に取り組むべきでしょう。

▶▶ 原点に立ち返る

「市民負担の公平・公正を図るため」

これが、滞納整理が公平・公正でなければならない理由です。私自身、このことを強く実感したエピソードがあります。

滞納整理の仕事を始めて4〜5か月が経った頃、昼間の窓口当番の順番に当たり、たまたま窓口に座っていたときのこと。1人の高齢のご婦人が窓口にやってきました。

硬貨の詰まった貯金箱を開けて、金額を計算した上で「これで税金をお支払いしたいのです。よろしくお願いいたします」と言われました。納付書とともに差し出された硬貨を数えて金額を受けとったときに、目

頭が熱くなったことを今もよく覚えています。

当時、私は徴収職員として滞納整理の経験もなく担当係長に着任したばかり。交渉の仕方も何もわからないまま日常業務を進めるものの、電話催告すると、滞納者は「景気が悪くて仕事が入らないから、収入がない」といった愚痴ばかり。中には「公務員はろくに仕事もしないで、税金で食べていける」と罵倒する滞納者もたくさんいました。

その中にあって、自分が日々接触する滞納者とは真逆に、このご婦人は、納期内納税をするために窓口に来てくれたのです。

「このような納期内納税をする人々のおかげで、税金が納められ、税収入となっているのだ」と強く実感したとき、このご婦人のような方のためにも、どんなに辛いことがあっても我慢して公平・公正な滞納整理を進めるのだと、心に誓いました。これが、私の滞納整理の仕事の原点です。

その後、滞納事案で思い悩んだときには、このご婦人の姿が目に浮かび、自分の使命は何かを自問自答して方向性を確かめてきました。

皆さんも、行き詰まったときは、「誰のために、何のためにこの仕事をしているのか」を思い出してください。この気持ちがあれば、滞納整理はもちろん、どんな職場でもブレることなく、仕事にしっかりと取り組むことができるはずです。

35

3 ◇秘密は絶対に守る

▶▶ 地方税法における守秘義務

　地方税法は、22条において「秘密漏えいに関する罪」として、2年以下の懲役又は100万円以下の罰金という罰則規定を設けています。

　そもそも地方公務員法では、34条において「秘密を守る義務」が定められており、1年以下の懲役又は50万円以下の罰金に処するとされています。

　このように、地方税法では、徴収職員に対して、一般の公務員より重い罰則規定が設けられています。徴収職員が日々扱っている税務情報は、納税者や滞納者の個人情報であり、秘密事項です。徴収職員として業務を進める上で知り得たこれらの情報は、第三者に知らせてはなりません。

　これは、税務事務（課税・徴収）に携わる者として最も基本的な事項であり、常に意識する必要があります。このことを理解していないと、徴収職員としての個人だけでなく、組織としても大きなダメージを受けかねません。

　例えば、質問調査権に基づく財産調査を行う際にその場に臨場した第三者（近所や職場の人）に対して、「滞納者が税金を○○円滞納しているので調査しています」と告げる必要はありません。「税務の関係で調査しています」と述べるに留めればよいでしょう。

　調査の過程で第三者に滞納者が特定され、滞納税目や金額が知れることになるのは、職員の守秘義務違反に抵触すると考えるべきです。そう考えると、臨戸・臨場で第三者に質問する項目を事前に検討したほうがよいでしょう。

▶▶ 交渉すべき相手を見極める

「お客がいる前でどうして納税交渉しなければならないのか、その理由を言ってみろ！」

ある徴収職員が、個人経営の会社社長の自宅へ臨戸した際、社長である本人の他にその会社の顧客がいる場で、滞納に関する納税交渉をしてしまい、顧客が帰ったあとで、滞納者である社長に激怒された例です。怒りは収まらず、その職員をもらい受けに別の職員が出かけたそうです。

このケースでは、臨戸した際に「今、お話をしてもよろしいですか」と滞納者に確認した上で納税交渉に入るべきだったといえます。

また、滞納法人へ臨場した際、会社の社長や経理部長など、会社役員か、税金を扱う部署の管理職等に対して納税交渉をすべきにもかかわらず、経理以外の一般社員に滞納金額の話をしてしまい、社長からクレームが入った例もあります。徴収職員として臨戸・臨場の際に滞納者（個人・法人ともに）と交渉するときは、必ず相手が本人、法人の場合は権限のある人かを最初に確認した上で進める必要があります。先述の例は、いずれも社会人としての常識を身につけていれば、起きなかった問題といえるでしょう。

臨戸した際、両親が不在のため、対応してくれた女子中学生に滞納の話をしてしまった例もあります。戻ってきた両親に、この女子中学生が滞納の話を伝えたため、両親が県税事務所にやってきて、大変な剣幕で抗議した事件です。この場合、そもそも納税交渉の相手を間違えており、この担当者は未成年の中学生に話をして、どうしようと考えたのか理解に苦しみます。両親が不在であれば、催告文書の入ったしっかりと封をした封筒を、両親に渡してほしいと言付けすれば済む話です。

このように、交渉では、話す相手を間違えただけでも大きな問題となります。「自分はそんなことをするわけがない」と思った方は要注意です。これらは、実際に起こった事件なのです。

時折、徴収職員が興味本位で滞納整理に関係のない人物の課税や徴収の情報を閲覧していたというニュースを目にすることがあります。しかし、本来、徴収職員は該当する滞納事案の情報以外を調査することがで

きません。調査に係る質問検査権があることをいいことに滞納事案に関係ない内容を調査したり、また知り得た情報を家族・知人に知らせたりすることも厳禁です。これらは異動・退職した後も同様です。

▶▶ 先輩職員からの問い合わせ

　納税者・滞納者に関する情報は、同じ自治体の先輩・後輩、同僚といった関係であっても、税務以外の関係者に漏えいすることは許されません。

　20年近く前に聞いた話です。

　甲県税事務所で滞納整理に長年従事した職員Aが、港湾部門（乙港湾事務所）に異動しました。ある日、港湾事務所の駐車場に長時間放置されている乗用車があったため、異動元の税務部門に電話したそうです。

　「3月末までそちらに在籍していたAです。ご無沙汰しています」

　「久しぶりですね、先輩。今日は何かありましたか」

　「今、港湾部門で仕事をしているのだが、事務所の駐車場に違法駐車している乗用車があるので、ナンバーを言うのでその車の所有者の連絡先を教えてほしい。車のナンバーは△△　□□□ち○○○○」

　「すぐ調べますから待ってください……。連絡先電話番号○○○－○○○○－○○○○です」

　「助かったよ。近いうち職場に顔を出すよ。ありがとう」

　こうして、判明した車所有者に電話をかけて、違法に駐車しているので早期に移動してほしい旨を連絡したそうです。

　すると、相手の女性から、なぜ自分の連絡先がわかったのか、Aは尋ねられました。

　「どうして私の連絡先がわかったのですか？」

　「それはお教えできません」

　「それはどういうことですか、教えなさい」

　「できません」

　やりとりを繰り返した後、電話を切りました。

　これで終わったと思っていたところへ、しばらくして、連絡を受けた女性が港湾事務所の窓口まで来所して、「Aさんをお願いします」と呼

び出し、どこで連絡先を調べたのか問い質された職員Ａは、「甲県税事務所で教えてもらった」と答えてしまいました。

　これを知った女性は、甲県税事務所の窓口へ来て、大騒ぎ。対応したのは、電話で情報を教えてしまった課とは別の課の窓口でしたが、その担当を所管する女性ライン係長が穏やかに話を聴いたところ、「自分は会社を経営していたが、経営能力がなく会社を乗っ取られてしまった。それは私の責任であり仕方ないのだが、その会社関係の税金分が今も私のところに通知されている。これには納得できない。なんとかしたい」ということでした。女性ライン係長は、「それはお気の毒です。違法駐車の車に関しては所有権の変更届の手続きをされたら真の所有者のところへ通知されます」と伝えたところ、納得してお帰り頂いたそうです。

▶▶ 秘密漏えいに関しての事後処理

　この話は、これでトラブル処理が完結したことにはなりません。この後、情報を漏らした職員がいる課と対応した課の両課を2回に分けて、先輩職員Ａに情報を提供したことがどんな問題を孕んでいるのか、改めて庶務担当課長から説明の上、厳重に情報漏えいへの注意がありました。

　もちろん、この件は秘密漏えいに関する事件として本庁に直ちに連絡され、経過説明とともに、今後の再発防止策として先ほどの庶務担当課長から決して情報漏えいのないように各課に厳命が言い渡されました。

　税務情報を漏えいする職員がいるとしたら、本人は社会的制裁を受けなければなりませんが、同時に、漏えいが発生する組織自体にも問題があります。職場内研修（OJT）などを通じて守秘義務への理解を徹底させ、緊張感を持って日々の業務に従事する必要があります。

　私たち職員は、しばしば個人情報を扱って仕事をしていることを忘れがちです。しかし、「ゴミ箱の紙くずの中にも個人情報が含まれているかしれない」とチェックするくらいの緊張感を持って、日々の業務に取り組む必要があることを忘れないでください。

4 ◈ 仕事はチームプレー

▶▶ 徴収職員は職人ではない

　皆さんは、徴収担当に異動してきたとき、周りの先輩たちを見て、どのように感じたでしょうか。

　私は初めて滞納整理業務に就いたとき、先輩たちが滞納整理のエキスパートに思えて仕方がありませんでした。まったく違った分野から異動してきたことによる、異分野への一種の憧れのようなものを感じたのでしょう。一人ひとりの徴収職員は、独立した個人事業主といった雰囲気。とりわけ担当係長は一国一城の主的存在で、これまでの経験を基に独自の取組みで滞納整理にあたっていました。

　それは、まるで職人の世界です。自らの経験により体得した方法論や納税交渉は誰かに教えるものではなく、「知りたければ背中を見て盗め」といった様相。実績が高い人のノウハウを組織全体で学習し、さらに展開するというような取組みはほとんどありませんでした。

　自らのノウハウは他人に披露しないし、言葉で伝えることもない。また文章にすることもない。月日が経つうちに、そんな世界で仕事をマスターするには、相当の年数が必要だと感じたのは言うまでもありません。

　同時に、このような業務の進め方では、何もマスターできずに次の異動になってしまうのではないかと不安になったのも事実です。このような状況で仕事を進める中で、「滞納整理の職人」を育成するのではなく、「滞納整理に明るい徴収職員」を育成することを考えたのです。

▶▶ 組織で仕事をする

　1人の職員がどんなに努力しても、処理できる量はたかが知れています。職人的な取組みでは、組織として大きな成果を挙げることはできません。

　私たちは、係・班や課に所属しているのですから、「組織で仕事をする」という取組み姿勢を徹底的に身につける必要があります。

　例えば、窓口で怒鳴り声を挙げる滞納者がいるような場合、傍観せず、窓口の担当者の後ろに他の職員が立ってくれているだけでも、担当者は心強く思えるものです。

　実際に、ある自治体では、窓口で怒鳴り声が聞こえると、体格のいい男性職員が自分の席を立ち、担当者の後ろに黙って立ってくれるため、課の職員が安心して対応できると聞いたことがあります。滞納者は、突然現れた助っ人の目が気になり、それ以上声を荒らげることができなくなるといいます。また、組織内の信頼関係も強まります。

　これは、どの自治体でも可能なとてもわかりやすい組織対応ですが、なかなか実践されていません。ひどい組織になると、対応した職員だけが怒鳴られ、ストレスを抱え込んでしまう例もあります。

　さらに、係や班などで一斉に税務調査などをするときに、一人ひとりが関係機関に出かけて調査するのではなく、係や班の滞納事案をまとめて効率的に調査することもできます。

　私が滞納整理の仕事を始めた頃は、体力に自信があったので他の人の調査も一緒にするようにしていました。すると、私に依頼した職員が、次は自分が皆の分をまとめて調査しようと考えたり、調査で不在の職員の滞納事案に関する問い合わせに代わりに対応してくれたり、お互いをカバーする意識が醸成されてきます。

　滞納整理の仕事は、全員が同じ目的を共有して努力しているという観点に立てば、「組織で仕事をする」という環境に馴染むものです。だからこそ、周囲と積極的にコミュニケーションを図り、信頼関係を構築することが大切なのです。

▶▶ お互いさまの精神

　近年、広く「ワーク・ライフ・バランス」という言葉が浸透してきました。この「仕事と生活の調和」は、職場の中で、自分だけで実践しようとしても難しいものです。お互いが何らかの形で助け合うという気持ちがなければ、組織全体として実践することはできません。

　日本の農村には、古来から「結」という制度があります。田植えや稲刈りなどの繁忙期に、Ａさんの田植えをＢさんが手伝い、今度はＢさんの田植えをＡさんが手伝うなど、互いに人手を貸し合うものです。

　自治体の現場でも、こうした「お互いさまの精神」が大切です。少子高齢化が進む中で、子育て中・介護中の職員に対しては、可能なかぎり周りがカバーし、次に自分が育児や介護の必要に迫られたときには、協力を依頼しやすい体制を作ること、チームプレーが求められます。

　そのためには、職員が相互に相手を理解し、尊敬し合うことが欠かせません。管理監督者・管理職は、それぞれの徴収職員の持ち味を理解した上で、その長所をさらに活かすようにしましょう。職員の性格や行動等の悪い面ばかりを見るのではなく、尊敬できる点を見つけて、組織として明るい気持ちで仕事をすることが基本です。

▶▶ チームプレーの先にある「組織知」

　滞納整理の現場でチームプレーを実践するためのヒントの１つに、「ライン生産方式」と「セル生産方式」があります。

　同じような滞納事案が複数あるのであれば、徴収職員１人で不動産の差押調書を作成するのではなく、班や係で役割分担を決めて効率よく仕事を行います。これが、一昔前の製造業における「ライン生産方式」です。大量に単一の製品を低コストで生産できる、いわゆる単品種大量生産です。一方、数は少ないものの、複雑で手間がかかる滞納事案については、「セル生産方式」が適しています。いわば多品種少量生産であり、製造業を例にすると、１人の従業員が自分の周りに部品を集めて、組み立てから完成まで全作業を行うことをいいます。

また、ノウハウの継承も重要です。滞納整理の経験知が高い人がいるのであれば、その人をチームリーダーとして何をポイントに行い、何を注意すればよいかを伝えていきます。この場合、リーダーは必ずしも、班長や係長といったポストに就いている必要はありません。若いときからチームリーダーを引き受けることで、組織運営を学ぶこともできます。

　チームプレーが組織に浸透すれば、仮にメンバーの1人が異動しても、他のメンバーがカバーし、また新たにメンバーとなった人を指導することもできます。

　大切なのは、個人の経験知をチームの経験知とし、これをさらに積み重ねて「組織知」になるように努力すること。組織知まで高めることができれば、部課長が異動しても、ベテラン係長が異動しても関係なく、組織として当たり前のことを当たり前に処理することができます。

　組織知に貢献するには、まずは、自分に何ができるか、効率的な仕事を進めるにはどうすればよいか、深く考え、探求すること。それができる職員が求められます。

　ただ上位者から言われたことだけをするのではなく、自分の頭で考え、業務を改善する姿勢を身につけましょう。

　探究心のない職員は、その段階で成長が止まってしまいます。

　今日では「ガラケー」と呼ばれる日本独自の携帯電話は、日本という孤立した国内市場で最適化し、国際規格とは独自に進化した結果、国際的にスマートフォンが導入されると、世界市場では取り残され、通用しなくなっていきました。いわゆる「ガラパゴス化」です。

　世の中の動きが早い今、自治体職員も言われたことだけをしていては、ガラパゴス化するおそれがあります。広い視野を持ち、常に自分だったらどうするかを考え、組織知の蓄積に貢献することが、どんな部署でも力を発揮できる職員になるための基本です。

5◇共感する、信頼を築く

▶▶ 納税交渉における共感

　徴収職員は、滞納事案に取り組む際に滞納者の生活や会社の事業運営などを十分把握する必要があります。その上で、状況を見極め、納得できる事情があれば、相手に共感を示すことも大切です。

　各自治体では、一般的に、滞納金額を分割納付させる場合、毎月の納付金額については、1〜2年以内で完納となる金額を設定するように、組織としてのルールが定められています。

　仮に、滞納者に60万円の滞納が存在し、毎月5万円の分割納付であれば12か月かかるとしましょう。滞納者がこの分割納付の約束を守ってくれれば、ちょうど1年で終わることになります。しかし、この自治体の組織ルールで、完納期間が1年と設定されていた場合に、悩ましい問題が発生することがあります。それは、滞納者との納税交渉の過程で、どうしても1年では完納することができず、1か月延びてしまう場合です。組織ルールは原理原則であるとして、頑なに1年を固守し、分割納付の申し出を断ってしまったら、どうでしょうか。滞納者の納付のチャンスを潰してしまうことになります。

　私は、この「1か月」の扱いは徴収職員の裁量権で判断してよいと考えています。1か月延びたからといって、何か問題が起こるわけではありません。求められるのは、納付につながるような交渉です。滞納者の話も聴いて共感するとともに、多少相手の言い分を受け入れて、少しばかりの妥協であれば、認めてもよいと思うのです。

　組織ルールを守ることはもちろん大切です。しかし、白がセーフ、黒がアウトであれば、物事にはグレーの領域もときにはあります。このグ

レーの領域は、徴収職員の裁量権で判断してよい範囲だと考えます。滞納整理は、機械が処理するわけではなく、人が行う営みです。もちろん、法律・規則から明らかに逸脱しているものであれば、裁量権を議論をする余地はありません。しかし、人間が処理しているからこそ、納付につながるよう徴収職員の裁量権を大いに活用すべきです。

　グレーの領域、そして裁量権があるからこそ、徴収職員は迷い、悩み、考えます。そこに、徴収職員として、自治体職員としての成長があります。

▶▶ 相手の立場で考える

　徴収職員にはさまざまな権限が与えられているからこそ、滞納者と対等に納税交渉する姿勢が大切です。

　一昔前は、「滞納は悪だから」と言う人もいましたが、決してそのように考えてはいけません。上から目線の物言いも禁物。滞納者は、悪人でもなければ、犯罪者でもなく、一時的に地方税の税金を滞納しているにすぎません。滞納者の立場やプライドを尊重せず、一律に滞納処分だけを進めてしまうと、滞納処分で滞納金額を一時徴収することができたとしても、滞納者は態度を硬化し対策を学習し、同じ差押処分をされないように財産の移動を画策するようになります。こうしたイタチごっこにならないよう、誠意を持って納税交渉を進め、妥協点が見出せれば、滞納者の言い分を受け入れることも大切です。

　滞納整理を始めて2年目のとき、区画整理の清算金が発生する情報をつかんでいた私は、その地域の滞納者リストに基づき財産調査を進め、一網打尽に20件近くの滞納事案を差し押さえたことがあります。そして、区画整理の清算金を取り立てて税の滞納分に充当しました。1週間後、1人の滞納者から連絡が入り、「あの区画整理の清算金で家の中のバリアフリーをする予定だったのに、できなくなった」と告げられました。臨戸も行った上で、何の反応もなかったので処分・充当と進めたのです。もう少し早く状況を聴いていれば、考慮することができたのではないかと20年以上経った今も考えることがあります。

滞納者と徴収職員がお互いにきちんと話をできていれば、相手の立場で考えることができたのではないかという教訓です。

▶▶ お互いが約束を守る

納税交渉では、滞納者に徴税職員としての経験を見透かされないよう、徴収職員はしっかりと滞納整理の信念を持つ必要があります。

その1つが、「お互いに約束を守る」ということです。滞納者との交渉により、納付の約束をした場合は、それを履行するように促します。その上で、一度約束したことは、徴収職員も担当者として見守りましょう。つまり、約束したにもかかわらず、徴収職員が断りなく滞納者の勤めている会社に給与照会などを行うと、滞納者の徴収職員への信頼感は失われてしまいます。

このような場合は、納付の約束が不履行になったことを確認した上で、給与の照会をするなど根拠を作ればよいのです。滞納者が「なぜ会社に給与照会をするのだ」と抗議してきたときには、「貴方が約束を不履行にしたから給与照会をしました」と堂々と説明しましょう。

▶▶ 口先の約束かどうかを見極める

滞納者の中には、とても巧妙に不履行を繰り返す人もいます。例えば、分納の約束をし、1回目、2回目は約束を履行したのち、3回目は不履行、1か月飛ばして3回目を履行するような場合、「遅れながらも履行しているから」と考え、何もせず我慢してしまう職員がいます。

しかし、分納の約束をしたのですから、不履行の原因が妥当でないなら、1回でも不履行があれば、処分する方向で進めたほうがよいでしょう。優柔不断な対応をとっていると、滞納者は「自分の不履行を是認してくれた」と判断しかねません。

私自身、滞納者の言い分を信用して、失敗したことがあります。

1回目は、納付約束の直前にわざわざ事務所まで来所して、「長男にお金を借りることになっていたが、長男が急に入院することとなって借

46

りることができず、納付ができなくなった」とのこと。まだ私は滞納整理の経験が浅く、相手が忙しい中事務所まで来てくれたことから、翌月の納付を承諾しました。ところが翌月になると、今度は「長女にお金を借りることになっていたが、事故を起こして相手に損害賠償しなければならない」と言います。私はこの段階でおかしいと思ったものの、滞納者の言い分を受け入れてしまいました。翌々月、再度来所して、今度は「妻の具合が悪くて医療費がかかるので納付できない」と言ったとき、初めて、「これまで2か月間、貴方の話を聴いて待ちましたよ。もうこれ以上は待てません。滞納処分します」とはっきり告げ、不動産の差押処分をしました。

その処分から2、3か月経ったある日、滞納者本人が窓口に来所して「全額納付するので差押解除をしてほしい」と言うので、納付を確認して、すぐに不動産の差押えを解除しました。

振り返ると、この滞納者は納付しなくても来所して説明すればなんとか言い逃がれができると考えていたのでしょう。まだ経験の浅かったことを見透かされたようで、私は「騙された」と感じ、とても悔しい思いをしたことを覚えています。

▶▶ 信頼の構築が財産

皆さんも、いろいろな滞納者と約束を交わす中で、裏切られることもあるでしょう。それでも大切なことは、こちらは必ず約束を守り、信頼関係を築く努力を惜しまないことです。どんなに忙しくても、滞納者との約束は最優先する。これが基本です。

どんな約束も必ず守る。そして、信頼関係を構築することで、そのときは滞納者だった人をその後は納期内納税者にしていく。これが、徴収職員の使命です。滞納金額を徴収し、税に充当すれば終了ではないのです。ここで築いた信頼が、他部署に異動したときに役立つこともあります。

6 明るく、楽しく、前向きに

▶▶ 仕事への取組み姿勢

皆さんには、仕事を進める上での「モットー」はありますか？

日本語でいえば、標語や座右の銘に当たる言葉です。

私のモットーは、「明るく、楽しく、前向きに」。これを言葉の頭文字をとって「ATM（エー・ティー・エム）」と呼んでいます。

仕事を進める中では、ときに困難な事態にも出くわします。忙しかったり、トラブルに遭遇したりすることもあるでしょう。そんなときに、モットーを唱えることで、「そうだ、頑張らないといけないぞ」と自分を鼓舞することができます。

この「ATM」は、とてもシンプル。そして、いつでも、どこでも実行できるので、研修等では、必ずお伝えしています。

もし、人事異動で希望外の部署に配属になったとしても、このモットーは役立ちます。希望外の部署だからといって、組織や上司に反抗的になっても何ひとつ好転することはありません。どんな辛いことがあろうと「ATM」を心がけているといつの間にかよい循環に変化するものです。

私がなぜ、これをモットーにしているのか、どのように役立つのか、詳しくご説明しましょう。

▶▶ 「明るく」とは

徴収職員は、自ら明るく振る舞うことが大切です。暗い表情の人のところには、人は寄りつきません。まして、上司が苦虫を噛み潰したような顔をしていると、職員は相談したくても躊躇して、別の日に相談しよ

うとします。こうして上司と接触する大事なチャンスを先延ばしすることで、何日も経過して相談すると「時期を逸した」と怒られかねません。関係が悪くなり、悪循環が繰り返され、いわば負のスパイラルに陥ります。

　明るい表情をしていると、吸い寄せられるように人が集まります。人が集まることで、自然に情報交換が始まります。しかも、その人の醸し出す雰囲気がよいので、本音で話します。明るい人から漂う活気やオーラはどんどん伝播します。そんな人が複数いると、組織全体の雰囲気が変わっていきます。

▶▶ 「楽しく」とは

　どんな辛いことでも、自分が「楽しい」と思えれば我慢できるもの。マラソンが趣味の人は、走るのが楽しいから、苦しくても、辛くても、我慢できます。

　同じように、仕事も楽しみを見つけることが大切。徴収担当になり、最初は憂鬱だったとします。でも、いつまでもそう考えていると職場に出勤したくなくなってしまいます。そうではなく、自分が希望しない仕事であったとしても、どんな小さなことでもよいので、滞納整理の仕事で楽しみを見つけましょう。

　例えば、これまで何回か催告しても連絡のない滞納者に対して、手書きのメッセージを一言添えたら反応があった。また、臨戸して不在のために差置き文書を郵便ポストに入れてきたら連絡があった。電話催告の反応率が30％を超えた。窓口に来所してくれた滞納者が帰り際に一言「ありがとう。もう滞納しないようにするため口座振替に加入するよ」と言って申込書を持ち帰った。こうした小さな喜び、楽しみが、探せば必ずあるはずです。

　孔子は『論語』の中で、「これを知る者は、これを好む者にしかず。これを好む者は、これを楽しむ者にしかず」という言葉を残しています。つまり、これを知っているだけの者は、これを愛好する者に及ばない。これを愛好する者は、これを真に楽しむ者には及ばない、ということで

す。私も、最初の頃は滞納整理が楽しいとは思えませんでしたが、いろいろな滞納事案を処理するうちに、いつのまにか仕事を楽しく思えるようになりました。今では、滞納整理の仕事が天職だと思っています。

1人で我慢することは禁物です。1、2か月は仕事として我慢できても、半年や1年我慢すると、精神的なストレスが重なります。滞納者との納税交渉でストレスを感じたら、周囲の人に話を聴いてもらいましょう。1人で解消できなければ、班やグループ、チームでストレスを受け流すシステムを作るのも大事です。そのためにも職員相互の信頼関係の構築が欠かせないのです。

▶▶ 「前向きに」とは

仕事を進める上では、主体的に取り組む姿勢を持つことがとても大きな力になります。ポジティブに考えることができれば、新たな課題に対しても果敢に攻めることができます。

ところが、自治体職員を何年も経験すると、次第にその挑戦意欲が薄れ、自分を正当化するために、やらない、またはやりたくない理由を山ほど述べる人がいます。

研修で、徴収職員1人当たりの持ち件数を質問した途端に、「1人当たり2,000件もあって何もできません」と、最初から件数が多いことを理由に滞納整理をしようという意欲がない人もいます。

処理することを最初から諦めたら、そこで終了です。自ら「できない」と発言した時点で、思考回路はすべて閉じられます。はっきり言えば、「できない」という回答は、「滞納整理をしません」と自己表明に切り替わっているといってもよいでしょう。

課題に対してネガティブな発言で周りのやる気まで喪失させるよりも、「この取組みはこういう問題点があります。この問題点については、例えばこのように処理するとこういう結果になると思います」と前向きな発言があると、周りの職員も「それならやってみよう」と思うはずです。

1人だけやる気がないのであれば、まだ影響は最小限ですが、周囲を巻き込むとなると組織としても問題です。ネガティブな取組み姿勢は、

「しない、させない、放置しない」ことを心がけましょう。

▶▶ 今から誰にでもできる

　どんな難題が降ってきても、「明るく、楽しく、前向きに」対応すると腹を据えていれば、自ずと進む道が開けます。仮に解決策が見えなくても、周りにたくさんの職員が集まることで、新たなアイデアが浮かんでくることもあります。

　まず、今から「明るく、楽しく、前向きに」をモットーに気持ちを切り替えてみましょう。これまで嫌々やっていた仕事に、少し明るい気持ちを持てるようになるはずです。また、仕事の中で楽しみを見つけることで継続する力が湧いてきます。さらに自ら主体的に考えて行動することで、気持ちが晴れやかになるのです。この考え方を知った今から、新たなスタートをきり、滞納整理の仕事を進めてみましょう。

　そして、自らのモットーを作ってください。私が挙げた「明るく、楽しく、前向きに（ATM）」に「頑張る」という気持ちを加えて「ATMG」でも、誰か著名人の言葉でも何でもかまいません。自分が納得するような独自のモットーを持つことは、どんな仕事でも役立ちます。さあ、前向きに取り組みましょう！

7 広げる、つなげる、教え合う

▶▶「ノコギリの歯実績」を繰り返さないために

多くの自治体では、担当部門の経験のない人が管理監督者・管理職のポストに異動してきて、前任者の取組みを真似することから始めます。しかし、なかなかすぐに前任者のレベルまで追いつくことはできないもの。1年目、2年目と年々経験知を増やして、ようやく前任者の実績に届いたと思ったら、異動となってしまう。そんな状況が何代も続きます。

折れ線グラフに過去10年くらいの決算の徴収率を入れてみると、1年目が最低の徴収率として、2年目は1年目よりも1％アップし、3年目も2年目より1％アップ。しかし、管理職が異動して新たな管理職が着任すると、前任者と同様にスタート時点に戻り同じような経過を辿ります。これを私はまるでノコギリの歯のように見えるので「ノコギリの歯実績」と呼んでいます。

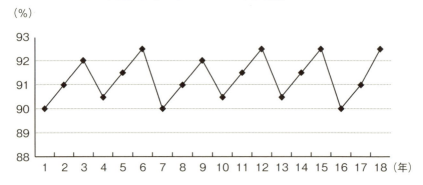

■地方税徴収率の「ノコギリの歯実績」のイメージ

なぜ、このような実績を繰り返すのでしょうか。単に組織のトップが交替したから徴収率が下がったというのであれば、異動があったとしても徴収実績が下がらない方法を考える必要があります。

そのためには、経験知（個人の知識、経験）を組織知（組織としての知識、ノウハウ）として蓄積することです。逆にいえば、ノコギリの歯実績を繰り返す自治体では、個人的な経験は豊富でも、それを組織に還元してこなかったために、職員の異動とともに経験知が消滅してしまっているのです。

そうではなく、徴収職員が学んだこと、経験したことを周りの職員や後任の職員に伝えることを組織の風土とすることが大切です。その具体的な方法として、「広げる、つなげる、教え合う」を常に心がける必要があります。

▶▶ 「広げる」とは

例えば、過去に先輩から教えてもらったことをやってみたら、規則が変わっていて新たな申請行為が必要になっていた。また、職場に配属になって初めての滞納処分を実施したところ、うまくできず失敗した。

こうした、自分の実践を通じて見えてきたことを周囲に伝えることが大切です。

まずは、自分が所属している係や班のメンバーに自分の経験を伝え、広げることから始めましょう。これは、仕事の応援をお願いしたいときも同じです。忙しくて「猫の手も借りたい」というときや期日が迫っていて助けてほしいといったときに、いきなり他係や他班、他課に依頼するのは順番が間違っています。まずは自分の所属している組織からスタートしましょう。

次に、経験した内容をベースにそれぞれの自治体で共通的な項目について情報交換します。例えば、徴収という共通項のある公債権の強制徴収ができる組織と意見交換会を実施してもよいでしょう。その中で、徴収職員に研修要望があれば、税の滞納整理の研修に参加要請することもできます。さらには公債権の主催する別の研修に講師として出かけ、情

報交換する方法もあります。私債権の徴収では直接的に地方税法を適用することはできませんが、債権回収の取組み方法からも学ぶことができます。さらには自治体間の連携にまで広がると視野も広がり、幅広い滞納整理ができることとなるでしょう。

▶▶ 「つなげる」とは

　1人の徴収職員が経験する事案の数には、限界があります。一方、徴収職員にとって、経験の数が成長の糧となることは間違いありません。

　そこで、もし隣の職員からその人の担当事案の話を聞いたとしたら、他人事として扱わず、どのようにすれば解決できるか、真剣に考えてみましょう。自分が担当だとすれば、どのように解決を図るかをメモに書き留めた上で、現実に隣の職員が処理した方策と比較して、自分の方策と一致しているのか、また違っているのかを再検討するトレーニングをします。

　これによって、他の人の事案、経験を自分の仕事に「つなげる」のです。このやり方が身につくと、別の部署に異動になっても、これまで以上に未経験の事柄にも的確な判断ができるようになるはずです。

▶▶ 「教え合う」とは

　仕事で得たさまざまな経験知は、自分だけのものにせず、班や係、課全員に共有できれば、何倍も何十倍もの経験知を蓄積することができます。

　例えば、固定資産課税の業務部門から異動してきた職員が、どのような流れの中で当初課税となるのか、また随時課税はどのようなときに課税になるのかなど、これまで自分が経験してきたことをコンパクトにまとめて皆に教えてみるのもよいでしょう。あるいは、ケースワーカーから異動してきた職員が福祉の仕事について教えたり、さらには、新規採用2年目の職員が1年目を振り返って、窓口や納税交渉での失敗体験を後輩に教えたりする方法です。

お互いが素直な気持ちでこれまでの仕事を通して経験したこと、失敗したことを教え合うと、相手のことをより理解でき、信頼関係を構築することができます。ただし、多くの場合、失敗を話すことに抵抗があるようで、なかなか実施されていないのが実態です。しかし、失敗を話すことによって、教える側も、失敗の原因も含めて冷静に、ロジカルに説明できるよう自分の体験を棚卸しすることにもつながります。ぜひ教え合ってください。

組織の実践知を蓄積する

カナダの経営学者、ヘンリー・ミンツバーグは著書『マネジャーの実像』の中で、「マネジメントの三角形」を提唱しています。

これは、アート（ビジョン・創造的発想）、サイエンス（分析・体系的データ）、クラフト（経験・現実に即した学習）の３つからなり、「本当のマネジメントとは、これらの３つの要素を臨機応変にバランスしたものである」と述べています。

これはマネジャーに限定する話ではありません。管理監督者・管理職でなくてもマネジメントを身につける必要があります。そして、組織知の観点でいえば、これまで以上に「クラフト」を組織全体で認め、組織内で蓄積することが当たり前という組織にすることが求められています。

そのためにも、若い年代から仕事で培った経験知を皆で意見交換する場や発表する場を設定し、常に最新情報で事務処理が効率的に行われるように努める必要があります。個人の経験知を組織知に転換し、蓄積された組織は、過去の先輩たちが培ってきた取組みが息づいているため、判断がブレることもなく確実に処理が進められていきます。

自治体という、異動が宿命である組織だからこそ、誰もが当たり前のことを当たり前に処理できるよう、実務を通して組織知を蓄積していくことが大切なのです。

8. 行動を起こすための思考4段階

▶▶ 行動を起こすための思考4段階とは

　仕事を進める上では、上司から指示されたことを処理することは、入口にすぎません。滞納整理の現場に限らず、いざというときに適宜的確な判断を下せるようになる必要があります。そのためには、仕事を通して学び続けることが欠かせません。

　そこで、仕事を通じて学び、成長し続けるためには、自ら行動を起こすための思考を4段階に分け、常にらせん状（スパイラル）に進化させる必要があります。

　具体的には、①「気づく」⇒②「考える」⇒③「行動する」⇒④「振り返る」という4つの段階を順次進め、さらに次の「気づく」⇒「考える」⇒「行動する」⇒「振り返る」へと展開します。これを私は、「行動を起こすための思考4段階」と呼んでいます。

　少子高齢化が進み、職員の定数も減少傾向で人員が厳しくなる中、少数精鋭の職員で滞納整理に当たるためにも、一人ひとりが自ら考える、行動する職員になることが求められています。

▶▶ 気づく

　指示された仕事はなんとか処理したとしても、自らもっと先に進もうとする気持ちにはなれない場合があります。それは人から指示されたという「やらされ感」に伴うものです。

　自ら進んで新しいことに取り組むためには、最初の段階で「気づき」が必要です。例えば、滞納整理の仕事を進める上で、滞納者が一番困る

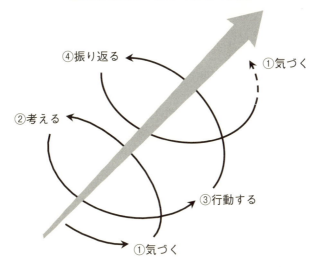

■行動を起こすための思考4段階

①気づく

 滞納処分は何かということに気づけば、それを核に納税交渉だけで事案が進展するかもしれません。私は、先輩から「人の生活の動きがあるところにお金が動いている」と教わったことをきっかけに、預金調査だけを行うのではなく、入金・出金の流れを理解することに力を入れるようになりました。

 そして、この気づきを得たことにより、人に指示されるだけでなく、自発的に仕事を進めることができるようになりました。気づきの原点は、人との会話かも知れないし、読書から読み取ったことかもしれません。「何かこれまでと違う」とか「何かしっくりこない」といった小さな違和感を察知する。その上で、次のステップである「考える」ことにつなげていきましょう。

▶▶ 考える

 気づきを得た事柄は、深く掘り下げて思考する必要があります。滞納整理の仕事では、積極的に取り組めば取り組むほど、新しい困難事案に出合います。それを乗り越えるためには、解決策を幾通りも考案し、問題点を顕在化させることが大切です。

また、どんな日常業務でも、常に「そもそも、なぜそうするのか」と原点を突き詰めて考えること。手を抜こうとすれば、何も考えず従前の処理の仕方をそのまま継続すればよいのかもしれません。しかし、小さな業務でも考える習慣を身につけることが、新たなノウハウの発見、行動、実践につながります。

▶▶ 行動する

せっかく深く思考した内容は、そのままにせず、具現化させるために行動することが大切です。特に、滞納事案は何もしないと解消されないので、徴収職員は行動して初めて評価されます。どんなに知識を身につけていても、動かなければ結果には結びつきません。何事も自分で足を運んで確認する、徹底した財産調査を行うなど、行動が必要です。

行動する案件を決めたら、まずは必要なことを考え、メモしましょう。箇条書きでよいので、一連の流れを簡単にまとめます。行動に向けた準備を進める過程で、想定外の事態が発生することもあります。そのときに、メモを確認して予定から大きく外れないようにすることが大切です。

▶▶ 振り返る

仕事を進める中では、順調に進展することばかりではありません。そのときに大切なのが、振り返ることです。

複雑・困難な滞納事案が増え、住民の権利意識も多様化している状況では、「考える」⇒「行動する」で終わるのではなく、振り返ることを常に心がける必要があります。

しっかり足元を固めなければ、前に進むことはできません。私達の仕事では、間違いを犯すと、税そのものの信頼を失うことになりかねません。そのため、新たな行動を起こし、その取組みがいったん終わったところで、必ず振り返りましょう。良かったこと、悪かったことは備忘録用のノートを作成して記録しておく。そこに、新たな「気づき」につながるヒントがあります。

第 3 章

滞納整理の基礎知識

1 ◆地方税のしくみ

▶▶ 地方税における滞納整理

　所得税等の直接税や消費税の間接税を含めて、国家の財政収入を「国税」と呼ぶのに対して、地方自治体の課税自主権に基づき、地方税法に列挙されている税目とその他に独自に税目を起こして課税することができるものを総体として「地方税」といいます。

　地方税は大きく分けて、道府県税（普通税と目的税）と市町村税（普通税と目的税）に区分されます。いずれも地方税法の中に税目ごとに列挙されています。

　徴収職員が滞納整理を行うための根拠である地方税法では、税目ごとに滞納処分の規定が置かれています。課税の仕方は税目ごとに異なりますが、滞納処分は共通しており、「国税徴収法に規定する滞納処分の例による」と国税徴収法が準用されています。

▶▶ 滞納整理における優先劣後

　国税と地方税の優先順位は、原則的に同順位です。

　国税と地方税に滞納がある滞納者が、「まず国税を納付して、終わったら地方税を納める」という話をよく耳にします。滞納者は、国税が先で、地方税が後だと思っているのです。しかし、現実には租税という区分では、国税も地方税も同じです。

　仮に国税と地方税が競合した場合には、滞納処分である差押え、または交付要求（滞納者の財産につき強制換価手続が行われた場合、先行の執行機関に対して租税債権額を要求すること）の着手時期を基準に優先

60

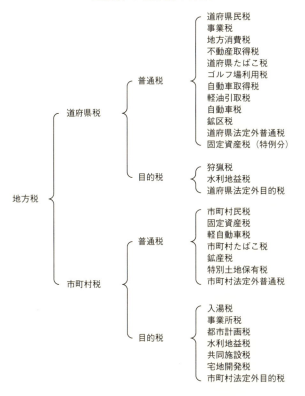

■現行の地方税の体系

順位を決定します。これを「差押先着手」「交付要求先着手」と呼びます。

過去には、差押先着手が同一日、同時間の分単位で判断・処理されたこともあります。ですから、徴収職員として、滞納処分はのんびり処理することはできません。国税（税務署）や他の自治体とも争わなければならないことを考えると、スピード感を常に持って処理することが求められます。

道府県税と市町村税についても、滞納整理においては同順位です。実務上、他自治体と競争することが最も多いのは、倒産情報が流れたときでしょう。同じ情報で税務署、県税事務所、市役所などが一斉に差押処分に入ります。このときは、組織の機動力が最終的な滞納処分を左右します。常時、情報のアンテナを張り、的確な滞納処分につながるように心がける必要があります。

また「公租公課」の関係を理解することも大切です。「公租」は、国税や地方税であり、いわゆる「税」と考えればよいでしょう。これに対し、「公課」は国・地方公共団体・その他団体などから課せられる会費・組合費などの金銭負担をいうもので、公租である税が優先します。

　国民年金保険料や国民健康保険料の滞納に伴う差押処分が入っていたとしても、地方税の滞納により差押処分することで、公租公課の優先順位で地方税が優先することになります。実際に、この公租公課の優先順位により、差押処分の効果が逆転する滞納事案は多数あります。

▶▶ 地方税徴収の現状

　これまで、滞納者は国税である税務署が自治体よりも早く滞納処分に着手するため、国税を優先して納めなければならないと思っていたと思われます。つまり、地方税は滞納者にとって軽視されていた側面がありましたが、近年、自治体の滞納処分は地方分権の進展とともに着実に実力を伸ばしてきました。

　そのため、滞納者にも以前のように、国税を完納してから自治体の滞納を納付するといった考え方は少なくなってきています。自治体の徴収職員の滞納整理のレベルが上がってきた結果だといえるでしょう。

2 ◇納税通知・申告

第3章 滞納整理の基礎知識

▶▶ 課税における納税通知

　滞納整理を行う上では、その前提となる「納税通知」が行われていなければなりません。具体的には、「納税通知書」として、納税者が納付すべき地方税について、その賦課（税金を割り当てる）の根拠となる法令、納税者の住所・氏名、課税標準額、税率、税額、納期、各納期における納付額、納付場所並びに納期限までに税金を納付しなかった場合において執られるべき措置、賦課に不服がある場合における救済の方法を記載することとなっています。

　例えば、自動車税（都道府県税）であれば、地方税法の規定で賦課期日（課税要件を確定させる基準日）を4月1日として、所有者等に5月1日に納税通知書を発付します。また、固定資産税（市町村税）であれば、1月1日に固定資産（土地・家屋・償却資産）を所有している者に課税します。納期については、年4回の納期を各自治体の条例で定めています。この他に、個人住民税は都道府県民税と市町村民税を併せて市町村が均等割と所得割（所得に対して10％課税）を課税しています。

▶▶ 納税通知の重要性等

　納税通知を実施しても、納期限までに納付がなく、さらに督促状を発付した日から10日を経過した日（11日目）までに完納がなければ、「滞納」となります。この段階で、初めて滞納処分ができます。自治体における課税処分と滞納処分は、それぞれ別の行政行為と見なされています。滞納処分は有効であっても、課税処分が無効であれば、当然無効になると

63

考えられます。

　例えば、納税通知書の送付先が明らかに違っていると判明すれば、適切に処理されたとしても、差押処分は無効になります。具体的には、何年も前に他自治体へ転出していたにもかかわらず、前の住所に納税通知を送付していた場合など、自治体で確認すれば転出の関係を確認できたにもかかわらず、それを怠っていた場合などが該当します。

　また、納税義務者が死亡していた場合は、相続人に納税義務を承継させます。具体的には、相続による納税義務の承継については、被相続人に課されるべき又は納付すべき徴収金は相続人に承継されます。相続人が１人のときは被相続人の納税義務の全部を、複数のときには法定相続分に応じた納税義務を、限定承認した場合には相続によって得た財産を限度として、納税義務が承継されます。

　例えば、固定資産税でいえば前年の８月に納税義務者が亡くなっている場合、翌年の１月１日の賦課期日には当該納税義務者は死亡しているため、相続人を調査して新たに納税通知を発付しなければなりません。いずれにしても、自治体が発付する納税通知書が適法に納税義務者に届いていなければ、滞納整理を進めることはできないと思ってください。

　滞納整理を進めていると、滞納者から滞納処分した後に、「納税通知書や督促状は届いてもいないし、見たこともない」と言われるケースがあります。この場合、滞納者が住所の異動もなく、郵便による発送物の返戻がなければ、納税通知書が届いたものと推定することとなっています。滞納者から文句を言われたとしても、すぐにただ謝るのではなく、郵便の返戻状況を確認してから回答することが大切です。

▶▶ 申告との関係

　納税者が納付すべき課税標準や税額等を計算し、それらの記載した申告書を自治体に提出し、またその申告した税金を納付することを「申告納付」といいます。例えば、法人住民税・法人事業税等の納付が申告納付に該当します。自治体が賦課するのとは違って、納税者本人が申告するところが納税通知と異なります。

3 督促・催告

滞納整理における督促状の重要性

地方税法では、税目ごとに納期限が定められています。この納期限までに納付されていないときは、督促状を発付することとなっています。

督促状は、納期限から20日以内に督促状を出すように規定されていますが、これはあくまでも訓示規定だとされています。つまり、20日以内に送付しなければ直ちに無効ということではありません。また、督促状を発した日から起算して10日を経過した日までに完納しないときは、財産を差し押えなければならないとされています。

つまり、督促状発付で納税義務者が納付すれば「滞納」という位置付けには入りません。督促状が発付されて10日経っても納付がないときに「滞納」という範疇に入ってきます。固定資産税であれば、1期分の納期が仮に6月末であれば、7月20日頃に督促状が発付されて、納付がなければ遅くとも8月上旬には滞納事案となります。

督促状は滞納処分の前提条件であり、徴収職員は自分が受命している滞納事案について、それぞれ督促状をいつ出したのか確認する必要があります。なお、納税通知書が返戻となり、その返戻状態のまま納税義務者に督促状を発付したとしても、課税の通知そのものが届いていないので督促状の効果はありません。また、納税通知書は届いていたとしても、督促状を発付していなければ差押処分はできません。督促状は地方税の租税債権1事績につき、発付するのは1回のみです。

■督促状の例（イメージ）

督　促　状

あなたの○○税は未納になっています。

記載の金融機関で至急納付してください。

この督促状を発した日から起算して 11 日目までに納付されなかった場合は、

滞納処分を受けることとなります。

なお、納付が困難な事情がある場合にはご連絡ください。

記

年度	税目	納期限	税額	加算金額	延滞金額	備考

▶▶ 催告の活用

　地方税法の条文の中には、催告の規定はありません。そのため、催告をすることなく、滞納処分の差押えを積極的に推進するという考え方もありますが、すべての滞納事案について、差押処分を行うのは現実的には困難です。差押処分は細かな準備が必要なので、大量に反復して滞納事案が発生する状況では、催告を行うことで効率的・効果的な滞納処理につなげることが肝要です。

　最も基本的な催告が、文書催告です。督促状を発付してから一定期間内に納付が確認されないときに、自治体から滞納者に自主納付を呼びかけます。自治体によって「最終催告書」「差押処分事前通知書」などさまざまな名称を使って自主納付を呼びかける工夫をしています。

　また、滞納者と直接納税交渉する機会として、電話催告も行われています。近年、電話催告は携帯電話が主流となる中で電話帳への固定電話番号の登録が少なくなってきたこともあり、実施が難しくなっています。

しかし、滞納者と直接会話することで、仕事や収入の状況を確認し、納付交渉することができるため、より積極的な活用が求められます。

さらに、滞納者の自宅や会社等に出かけて直接交渉を行うのが「臨戸」です。もちろん、その際にすべての滞納者と接触できるわけではありません。そこで、不在であれば、「差置き文書」を事前に準備しておき、郵便受けに入れるなどして、ぜひ連絡してほしい旨を伝えます。納付書を同封して、自主納付を促すのも1つの方法です。

なお、臨戸した際には滞納者の自宅等の外観調査も重要です。平屋建てで庭木が手入れされているとか、壁がナマコ壁とかその特徴を記録しておきましょう。滞納者から連絡が入ったとき、例えば「庭の手入れが素晴らしいですね」と告げて臨戸したことを婉曲的に伝えることも納税交渉をうまく進める秘訣です。

■催告書の例（イメージ）

催　告　書

あなたの下記○○税等は、督促状によりお知らせしておりますが、現在も未納になっています。下記納期限内に至急納付してください。

なお、納付が困難な事情がある場合は、ご連絡ください。

もし、納付されなかった場合には、地方税法の定めるところにより、あなたの財産を差し押さえることとなります。なお、本状と行き違いに納付された場合はご容赦ください。

記

年度	税目	納期限	税額	加算金額	延滞金額	備考

4 ◇納税相談

▶▶ 納期前での納税相談

　納税者が、納期前に病気や災害等による甚大な被害を受けたときには「徴収猶予」という制度があります。具体的には、①財産について震災、風水害、火災その他の災害を受け、または盗難にあった場合、②納税者またはその者と生計を一にする親族が病気にかかり、または負傷した場合、③納税者がその事業を廃止し、または休止した場合、④納税者がその事業につき著しい損失を受けた場合などが該当します。

　納付困難な部分について、1年の範囲内（延長制度あり、最長2年）で納税が猶予され、新たな滞納処分は禁止、延滞金も全額または一部免除されます。徴収猶予には、納税者自ら申し出る必要があるため、滞納者が徴収職員に連絡したときや自治体の窓口に来所したときに、相談するケースがほとんどです。

　また、平成28年度からは、地方税法の改正により、「申請による換価の猶予」制度が新たに創設されました。徴収猶予と違って、病気や災害等に限定することなく、納税者の申し出により設定されます。

　従来の「換価の猶予」は、徴収職員が職権で設定していましたが、自治体の条例要件に該当する期間までに申し出れば、1年の範囲内で換価が猶予され、期間中の延滞金の一部が免除されます。また、さらにやむを得ない理由が認められるときは、猶予期間の延長が認められる場合があります。

　これら「徴収猶予」「換価の猶予」制度は、「納税の緩和制度」と呼ばれます。この制度は納税者に有利であるものの、猶予の期間内に納付計画が履行されない、履行できないと認められる場合は、「徴収猶予の取消し」

68

「換価の猶予の取消し」を行うべきでしょう。実務面で見ると、「徴収猶予」「換価の猶予」制度が認められたことにより、納付計画における分割納付に留意することなく、猶予期間を漫然と経過させている事例が多く見受けられます。申請を受けつけた時点で、もし納付計画が不履行になれば猶予が取消しとなる旨を伝えておく必要があるでしょう。

▶▶ 滞納発生後の相談

　督促状を発付し、それで納付をしてもらえれば、滞納は発生しません。しかし、納期までに納付することが難しい場合、自治体に連絡があれば、説明内容の事情を確認した上で納税相談を受けることになります。もちろん、督促状で納税を完納することができなければ「滞納」となります。つまり、督促状で納付の一部が残れば「滞納」という枠に入ります。これ以降は、徴収職員が滞納事案として対応することとなりますが、対応の仕方は自治体により違っているので、滞納という概念も異なります。

　前項で述べたとおり、督促状を発付して、さらに一定期間経過しても滞納者が納付しなければ、文書催告や電話催告で自主納付を促します。この催告に反応した滞納者が、徴収職員に納税相談をしにやってきます。

　納税相談では、徴収職員は滞納原因や納付計画について話し合い、自主納付するように促します。繰り返しになりますが、大切なのは、滞納者を納期内納税者に移行させること。納税の義務を履行するためには、自ら納付することが大切だと理解させる必要があります。滞納者の財産を発見し、差押処分して取り立てることが最優先ではありません。

　納付できないというのであれば、その理由をしっかり確認しましょう。また、曖昧な収入金額の説明であれば、正確な資料を求めます。もちろん、徴収職員が曖昧な言葉を使うのは禁物です。中途半端に納税交渉の中で「しばらく様子をみましょう」といった発言をしてしまうと、滞納者は、自分にとって有利に考えます。結果的に、この「しばらく」が1週間、1か月、3か月あるいは半年と認識されかねません。徴収職員は納税相談、納税交渉では決して曖昧な表現を使ってはならないことを肝に銘じてください。

5 ◇財産調査

▶▶ まずは組織内調査から始める

　徴収職員は、滞納者に対して催告（文書催告、電話催告）をしても反応がない、または滞納者が納付等の約束を不履行にした場合などは、次のステップとして財産調査を行います。

　差押処分を行うには、滞納者がどのような財産を保有しているか調査し、特定する必要があります。そこで、まずは自治体の税務部門が保有している情報を調査します。大切なのは、民間の金融機関や他の自治体に調査や情報提供を依頼する前に、自分たちの持つ情報を中心に調査を行うことです。

　県税事務所であれば、法人の申告内容、個人事業税の申告内容、不動産取得税の内容、自動車税の課税内容等を確認します。それらの課税の情報を通じて、滞納者がどのような所得や財産があるか概要を把握することが大切です。

　中には未申告だったり、自治体の課税情報に該当しなかったりする滞納者もいます。このように、組織内調査にも該当せず、また連絡もない滞納者の場合には、一度臨戸を行います。徴収職員が自分の足を使って情報を収集することはとても重要なことです。滞納者が実際にその住所で生活しているのかという基本的なことから確認していきましょう。郵便受けに郵便物が溜まっているか、玄関に表札があるか、電気メーターが回っているか、賃貸住宅であれば管理会社はどこかなど、臨戸で判明することはたくさんあります。

　また、一戸建てであれば、平屋建てなのか2階建てなのか、外壁の色は何色か、庭にはどのような植栽があるかなど外観調査も忘れてはなり

ません。なぜなら、滞納者から連絡が入ったときに「庭の植栽はとても手入れされていますね」と一言述べるだけで、すでに調査しているというプレッシャーをかけることができ、納税交渉の主導をとれるからです。なお、臨戸しても不在のときには、事前に用意した「差置き文書」を置いていきます。

このように、組織内調査や臨戸を実施したものの、滞納者と連絡が取れない場合には、次の段階として民間等に調査依頼します。

▶▶ 金融機関等、民間への調査依頼

滞納者の基本的な予備知識を収集した上で、さらに調査が必要な場合には、金融機関等に調査を依頼します。あらかじめ滞納者が関係しているであろう金融機関等を事前に突き止めた上で、照会をかけます。滞納者の住所地等地域一帯の金融機関に対して闇雲に照会するのは、避けなければなりません。

▶▶ 最後の手段としての捜索

臨戸をしても滞納者が優柔不断な対応を繰り返し、財産調査をしても表見財産がみつからないときは、「捜索」をすることもあります。

捜索は、財産調査等により滞納者の財産が発見できない場合に、滞納者の住居等に入り、立会人を選定した上で、差し押さえるべき財産を探すことを言います。これは、国税徴収法142条に基づく強制捜査であり、非常に強い権限です。

滞納処分のための捜索に関しては、犯罪捜査ではないため、令状は必要なく、相手の意思に関わりなく行うことができます。

捜索する場所については、滞納者自身の住居・事務所等のほか、滞納者の財産を所持する第三者または滞納者の財産を所持すると認められる親族等の関係者がこれを引き渡さないときに限り、第三者の住居その他の場所を捜索することができます。徴収職員は、滞納者等に倉庫や金庫等を開かせ、または自ら開くために必要な処分をすることができます。

6 ◆ 差押処分

▶▶ 差押処分をする前に

　納期限が過ぎて督促状が発付し、さらに催告、臨戸等を行っても滞納が解消されない場合、徴収職員は財産調査を行い、財産を特定した上で差押処分という滞納処分を実施します。

　財産を差押処分する前には、前提条件である督促状が発付されていることはもちろん、滞納者の財産であるかどうかも改めて確認する必要があります。実際に、滞納者と同性同名の別人の財産を差押処分した事件が起きており、必ず生年月日、前住所等をチェックした上で差押処分することが大切です。

▶▶ 差押処分の効力

　差押処分の一般的な効力としては、大きく5つ挙げられます。

①処分禁止の効力

　差押えされた財産については、滞納者、第三債務者ともに処分(売買、贈与等)することはできません。

②時効更新の効力

　差押えの効力が生じると、地方税の消滅時効は完成の猶予となり、差押えが解除されると時効が更新されます。

③相続等があった場合の滞納処分続行の効力

　財産を差し押さえた後に、滞納者が死亡したり、滞納者である法人が合併により消滅したりしたとき、その効力は相続人や合併法人に及び、滞納処分を続行することができます。

④従物に対する効力

建物を差押処分したときには、従物として畳や建具にも及びます。

⑤果実に対する効力

差押えの効力は、差押財産から生じる果物等の天然果実に及びますが、差し押さえた建物等から生じる家賃等の法定果実には及びません。ただし、債権を差し押さえた場合における差押後の利息については、差押えの効力が及びます。

▶▶ 差押処分先着手

国や他の自治体との優先劣後は、税の滞納処分であれば「差押処分先着手」となります。つまり、不動産であれば法務局の登記手続、金融機関等の第三債務者であれば、差押処分の通知が先に到達している方が優先されます。そのため、差押えに時間をかけていると、国や他の自治体の後塵を拝することになり、地方税の充当ができないこともありえます。

▶▶ 差押処分の解除

下記に該当する場合は、差押えを解除しなければなりません。

①解除しなければならない場合

差押えによる地方税が全額納付された場合は、滞納が消滅するため、差押処分を解除しなければなりません。また、差押財産の価額が、その差押えに係る滞納処分費及び差押地方税に優先する他の国税、地方税その他の債権の合計額を超える見込みがなくなったときには、無益な差押処分として解除しなければなりません。

②解除することができる場合

差押処分による財産の価格が当該の差押処分の債権を著しく超過すると認められるに至った場合は、差押財産の全部または一部について、その差押処分を解除できます。また、滞納者が他に差押えできる適当な財産を提供した場合で、その財産を差押処分したときには前の差押処分を解除することができます。

第3章 滞納整理の基礎知識

73

7 ◆取立て・公売

▶▶ 換価処分における取立て

差押処分による差押財産は、金銭を除き、換価してその代金を滞納租税に充てなければなりません。この差押財産を強制的に金銭に換える処分を「換価」と呼びます。

換価には、取立て（債権及び持分等）によるものと公売（国・地方自治体が売却すること）によるものがあります。売却によるものは、公売によることを原則として入札または競り売りの方法で行われ、一定の要件を満たす場合に限って随意契約による売却とすることができます。

余談ながら、「不動産競売」という言葉があります。これは民事執行法に基づき、債権回収のために債権者が裁判所に申立てを行い、その不動産を裁判所が売却する手続きです。租税債権の回収は「公売」といい、裁判所が関与する場合には「競売」と呼ばれます。

▶▶ 取立ての留意点

差し押さえた債権は、原則として全額を取り立てることとされています。この金銭の取立てにより、取立金額を限度として、滞納者から差押えに係る租税を徴収したものとみなされます。

例えば、預金の取立ての際には、取立金額を直ちに当該自治体の歳入歳出外現金（債権の担保として徴し、または法令の規定により自治体が保管する現金もしくは有価証券で、自治体の所有に属しないもの）として納付する納付書を用います。その後、雑部金からの振替充当の処理を行うとともに、配当計算書を作成して滞納者へ送付しなければなりません。

取立て等による強制換価手続きで差し押さえた金銭や、公売により換価される代金に対して配当要求した債権者に分配する手続きを「配当」といいます。配当の内容については、滞納者、交付要求をした者その他の利害関係者に知らせるために作成する配当計算書が必要とされます。

　具体的には、配当計算書は、換価代金等の配当前に滞納者及び債権現在額申立書を提出した者に送付することとなっています。これは、配当について異議を有する者に申し立てる機会を設け、円滑な配当を実施するためのものです。この配当計算書の送付は、取立てによる換価のときには取立ての日から3日以内（民法により初日不算入の原則）に行わなければなりません。

　実務上は、生活するための預金口座（公共料金等の支払いをする口座）の残額が多くなくても、必要であれば差押処分に踏み切ることもあります。滞納者が催告に応じることもなく、また徴収職員に連絡もなければ滞納処分に着手せざるを得ません。

　「預金の差押調書の履行期限欄に『即時』と記載するため、その場で取立てを執行すると生活困窮に陥れることになり、なかなか差押処分できない」という職員もいます。そのため『請求有り次第即時』と記載します。また、平成28年2月に債権の差押調書謄本を滞納者に送達せずに行った取立ては取消しうべき処分という地裁の判例があり、国税は現在差押え同時取立てを行っていません。

▶▶ 公売の留意点

　公売を行う際は、公売公告を行うとともに、滞納者等に対して改めて公売通知を送付することで自主的な納税を促しつつ、最終的な手段として換価処分することを伝えます。

　公売公告の内容は、財産の名称、数量、性質及び所在、公売方法、公売及び売却決定を行う日時及び場所、公売保証金の有無及び金額、買受代金の納付期限等であり、公売日の少なくとも10日前までに行うこととなっています。公告の方法は、所内掲示板に掲示するほか、新聞やホームページ等へ掲載して行うことが一般的です。

8 ◇執行停止

▶▶ 滞納処分の執行停止要件等

　滞納者が一定の要件を満たす場合には、滞納処分の執行停止が行われます。具体的には、①滞納処分をすることができる財産がないとき、②滞納処分をすることによつてその生活を著しく窮迫させるおそれがあるとき、③その所在及び滞納処分をすることができる財産がともに不明であるときの3つの場合です（地方税法15条の7第1項）。

　なお、滞納処分の執行停止は、滞納者の申請によるものではなく、職権で行われます。また、執行停止処分をした場合には、その旨を滞納者に通知することになっています。

▶▶ 滞納処分の執行停止の効果

　滞納処分の執行停止をした場合には、すでに差押処分をした財産があるときには、その差押処分を解除しなければなりません。そのため、滞納処分の執行停止期間中に、換価や新たな差押処分をすることはできません。ただし、滞納者が自発的に納付した場合や、還付金や交付要求の受入金を滞納している地方税に充当することは差し支えないこととされています。

▶▶ 納税義務の消滅

　滞納処分の停止が取り消されることなく、3年間継続したときには、執行停止した地方税の納税義務は消滅します。また、執行停止した地方

税を徴収することができないことが明らかであるときには、3年間の経過を待つことなく、直ちに納税義務を消滅させることができます。

いわゆる執行停止と同時に不納欠損として処理する方法を「執行停止同時欠損」と呼びます。また、執行停止処分としたものの、再度調査等により3年間の経過を待つ必要がないと判断したときは、「執行停止即時欠損」として処理します。さらに、執行停止期間中に徴収権の一般時効（5年間の徴収権）が完成したときは、地方税の納税義務は3年間の経過を待つことなく消滅します。

滞納処分の停止の取消し

滞納処分の執行停止後3年以内に、停止の理由に該当する事実が存在しなくなったときには、滞納処分の停止を取り消さなければなりません。滞納処分の執行停止をしたときと同様に、取り消したときにも、その旨を滞納者に通知しなければなりません。つまり、新たな財産が発見された場合には、滞納処分の執行停止を取り消した上で、差押処分をすることになります。

不良債権処理としての執行停止

地方税の滞納整理において、財産調査をしても滞納者の財産を発見できなかった場合などには、地方税法に基づき滞納処分の執行停止を図ることで、不良債権を処理することができます。

何もせずに徴収権の一般時効を発生させた場合と比べると、執行停止は徴収職員が財産調査権を活用したにもかかわらず発見できなかったということで、納得できるでしょう。ただし、安易に滞納処分の執行停止を行うことは許されません。しっかり見極めて滞納事案を処理することが必要です。例えば、一定額以上の滞納事案を執行停止処分するのであれば、財産調査の一環である捜索を実施した上で財産がない場合に決定するなど、自治体の住民に対して根拠を説明できるようにしなければなりません。

9 ◇ 延滞金減免

▶▶ 延滞金の意義と計算

　地方税を納期限までに完納しなかった場合には、本税の額に一定の割合を乗じた金額(延滞金)を併せて納付しなければなりません。延滞金は、納期内納税者との公平性を確保するための罰則的遅延利息の意味合いがあり、納税秩序の維持をその目的としています。

　延滞金の割合は、納期限の翌日から1か月間は年7.3％、1か月経過後は年14.6％と地方税法で定められています。ただし、現在は、地方税法の特例措置で毎年の「延滞金特例基準割合」により決定されます。

　「延滞金特例基準割合」とは、平均貸付割合(各年の前々年9月から前年8月までの各月短期貸付けの平均金利の合計を12で除して計算した割合)に、年1％を加算した割合をいいます。そのため、特例基準割合及びそれに基づく延滞金の割合は毎年変動する可能性があります。なお、従来は、平均貸付割合に1％を加算した割合のことを一律「特例基準割合」と定義していましたが、地方税法の改正により、令和3年1月1日以後の期間に対応する延滞金等については、適用対象ごとに「延滞金特例基準割合」「猶予特例基準割合」(ともに平均貸付割合に年0.5％を加算した割合)が定義されています。

　滞納者との納税交渉では延滞金の利率や延滞金額を説明することがあります。徴収職員は、各特例基準割合の数値や延滞金の計算方法を滞納者にきちんと伝えられるよう準備していることが必要です。

　延滞金を計算する際に、100円未満の端数がある場合はその端数を切り捨てること、算出された延滞金が1,000円未満である場合はその全額を切り捨てるため、延滞金はかからないことなども確認しておきましょう。

▶▶ 延滞金の減免

　徴収職員が滞納者と納税交渉等を行う中で、延滞金を納付することが著しく困難であることに理由があるとき、地方税法及び自治体の条例規則で定める事由に該当すると認められる場合には、当該自治体に係る延滞金の全部又は一部を免除し、徴収しないことができます。

　延滞金を納付することが著しく困難である理由とは、次のような場合です。各自治体の条例規則で規定されています。

①震災、風水害、火災その他の災害を受け、又は盗難にあったとき。

②生計を一にする親族が病気にかかり、もしくは負傷し、又は死亡したため多額の出費を要したとき。

③生計を一にする者が生活保護法の規定による扶助を受けているとき。

④失職し、納税が困難と認められたとき。

⑤事業を運営するに当たり著しい損失を受け事業の継続が困難になった場合で、納税が困難と認められたとき。

⑥死亡し、又は法令その他により身体の拘束により、納税することができなかったとき。

⑦破産手続開始の決定がされたとき。

　延滞金の減免を受けようとする者は、延滞金減免申請書に減免を受けようとする理由とそれを証明する書類を添付して提出しなければなりません。ただし、理由が明らかな場合は証明書類を省略できるなど、各自治体の手続きに則って申請することが求められます。

　延滞金減免申請書が提出された場合、各自治体はその内容を審査し、延滞金減免決定通知書または延滞金減免不承認決定通知書を申請者に送付します。延滞金減免は、滞納者との納税交渉でその理由が明らかとなるのが一般的です。各自治体の方針にもよりますが、滞納者が生活に困っている場合には、積極的に延滞金の減免申請を活用して、次から納期内納税者にするために口座振替に加入させることを条件に申請を認めることも1つの方策と考えられます。

第4章

徴収担当の
セルフマネジメント

1 ◇セルフマネジメント

▶▶ 自らをマネジメントする

　滞納整理に限らず、仕事を進める上では、一人ひとりがマネジメント感覚を持つことが大切です。

　若い職員の中には、「目標に向けて取組みを指示するのは管理監督者・管理職の仕事であり、一般職員の仕事ではない」と考える人もいます。確かに、組織のトップは課の目標を説明し、方針を出して職員全員を一定の方向に向ける努力をする必要があります。

　しかし、何から何まで上司の指示を待っていては、自分1人では何もできません。与えられた範囲の中で、自ら知恵を絞って効率的・効果的な取組みを考えることが求められます。

　ピーター・F・ドラッカーは、「知識労働者たる者は、何よりも自らをマネジメントできるようにならなければならない」と述べています（『ドラッカー・ディファレンス』）。知識労働者である私たちは、自らの仕事に対してどのような取組みをしなければならないか問うことが必要です。滞納整理の仕事でいえば、受命滞納事案（与えられている滞納事案）をどのように処理して解決するか、日々思考を繰り返さなければならないのです。

▶▶ 短期目標の設定

　自らの仕事をマネジメントするために必要なことは、取組み内容によって短期・中期・長期目標を設定することです。それぞれの目標を具体的に書き出して、自らの思考と行動をその目標に向かうようにナビ

ゲートすることが大切です。重要なのは、何をやるのか、項目として書き出すこと。書き出すことで、行動するスイッチが入ります。

　最初の短期目標は、緊急に差し迫ったことを想定します。例えば、財産調査によって、売掛金が入金になる日が特定されたら、その日朝一番で売掛金を差押処分します。これは、その当日の仕事としては優先順位が高いといえます。ただし、前日は、その日のうちに翌日の売掛金を差押えするための準備をしておけばよいわけで、優先順位が最も高いとは限りません。時系列で並べるならば、その日その時間ごとに最優先事項を箇条書きにして、1つずつ処理することが基本です。

　この短期目標には当日から1週間、1か月範囲と大括りに考えて、まず項目を挙げていきます。その上で、今週のもの、翌週のもの、翌々週のものと中括りに分けて考えます。さらに、今週の取組みを月曜日から金曜日まで並べてみましょう。このとき、特定の曜日、例えば水曜日に取組みが集中しているようであれば、本当にその取組みを水曜日にしなければならないのか、再度検討します。特定の日に仕事が集中して、時間外労働（超過勤務）が増えてしまい、疲れて翌日休んで仕事ができなくなっては、本末転倒です。

　調整して前の日に繰上げが可能なものはないか。反対に、翌日に先延ばしできるものはないか。それらを見極めてスケジュールを管理していくことが重要です。もちろん、仕事は1人でしているわけではなく、相手がいるため、予定はあくまでも予定です。突発的な事案が入ることや、優先順位を変更せざるを得ないことも見据えた、柔軟な対応力が欠かせません。

　「今日は絶対これを処理する」という気持ちも大切ですが、臨機応変に処理することも意識しましょう。

▶▶ 中期目標の設定

　次に、中期目標として、1か月から3か月程度の取組みを設定します。まず、挙げた項目を時系列に短期目標設定と同様に並べて時間管理をします。この中期目標は、直前のことではないため忘れてしまいがちなの

で、定期的にメモを追加し、確認することを習慣づけましょう。週の初めの月曜日は必ず中期目標に目を通し、追加や修正がないか確認します。

　上司から四半期ごとの大きな取組みが説明されたのであれば、その取組みのために、自分は何を準備する必要があるかを考えます。

　例えば、接触の取れていない滞納事案を2か月後に一斉臨戸するように指示されたのであれば、現時点で接触できていない滞納事案のリストを作成します。その上で、臨戸する直前までそのリストを活用して文書催告、電話催告等により連絡の取れた事案を消去し、対象を絞り込むことで効率化を図ります。

　また、課長ヒアリング、部長（所長）ヒアリングが予定されているのであれば、それまでに滞納事案の基本的な内容を把握する必要があります。これまでの交渉過程を整理し、基本的な財産調査を行いまとめ上げておき、どのような方針で臨むのがベストなのか考えておきましょう。

　財産調査も、自分で調査する場合と誰かに依頼する場合では、かかる時間が異なります。予定期日から逆算して、催告や臨戸、財産調査を組み立てて、余裕を持ってヒアリングに臨みましょう。

　ヒアリングでは、事前の準備がしっかりとできている職員は上位者を納得させられる説明ができるのに対し、時間管理や準備ができていない職員は言い訳に終始するなど、その差は歴然です。当然ながら、与えられている時間は皆同じです。スキマ時間を活用するなど、「時間をいかに作るか」を意識してください。

▶▶ 長期目標の設定

　最後に、長期目標を設定します。これは、1年後に自分がどんな徴収職員になりたいのかを書き出して、その目標に向けて日々努力するためのものです。

　例えば、「1年後には職場内研修（OJT）の講師になって自分の経験を後輩職員や周囲の職員に伝えたい」という目標があれば、そのために自分の失敗事例をメモしておくなど、OJTの講師をするための事前準備を心がけなければなりません。

また、「公売事案に直接関与したい」とか、「捜索のチームリーダーになりたい」といった目標を掲げ、何を積み重ねれば実現できるのか、日々の振り返りも必要です。

例えば、不動産の公売であれば、当該差押不動産の現地確認をしたり、見積価格算定のための不動産鑑定士の意見を聴いたりするなど、学ぶことはたくさんあります。動産の公売であれば、捜索によって動産を差押えすることから始める必要があります。捜索の参加でも、いきなりリーダーは務まりません。何度も捜索を経験することで、全体の捜索を仕切ることができます。

さらに、雑誌・新聞等に他自治体の新しい取組みが掲載されていたら、その記事を切り抜きしておきます。そして、チャンスがあればその自治体に視察に行くとよいでしょう。自分の自治体に不足していることを獲得して、職場にフィードバックしてください。特に若い徴収職員は、常に視点を広く持ち、情報収集に努めることが大切です。自らの志を高く設定して、そのための自己啓発を継続的に行いましょう。

▶▶ 時間のマネジメント

ここで挙げた短期・中期・長期目標は、期間の設定も含めて、あくまで目安です。大切なのは、滞納整理の仕事をする上では、年度間での取組みを大きなサイクルとし、それぞれの目標を一人ひとりが考えること。考えた結果、取組みの項目出しができれば、あとは行動を起こすだけです。

陽明学で知られる王陽明は、「知行合一（知識と行動は一体である）」と述べています。身につけた知識は、行動が伴ってこそ意味を持ちます。失敗を恐れて、何もしないことのほうが、自分にとっても組織にとってもマイナス。仮に失敗したとしても、その原因を追究し、次に活かすことができれば財産になります。

徴収の現場で身につけたセルフマネジメントのスキルは、異動してもどの職場でも活用できます。ぜひ、受命した滞納事案を積極的にマネジメントしていきましょう。

2 ◆日常業務の優先順位

▶▶ 仕事の優先順位とは？

　効率的・効果的な業務を進める上では、日常業務の優先順位はとても
重要です。時間は無限にあるわけではなく、与えられている条件の中で
目標を達成することが求められます。

　私が都税事務所の管理職をしていた頃のことです。

　ある係（十数人の係員）に、2年目の担当係長がいました。担当係長
はライン係長ではないので、滞納事案を受命し、さらに係員の指導も行
います。係の中には、他局・他部門からきた未経験の1年目職員が何人
もいたにもかかわらず、この係長は、一番低い成績でした。

　そこで、この係長を打ち合わせコーナーに呼び、「どうして2年目の
貴方がこの係で一番実績が低いのですか？」とストレートに質問しまし
た。そこで返ってきたのが「課長、私は忙しいのです。自分の滞納事案
も処理しなければならないし、徴収業務1年目の職員の面倒もみないと
いけないのです」との発言。

　しかし、忙しいのは皆同じ。言い訳にはできません。そこで、「とこ
ろで、貴方はプライオリティ（優先順位）をつけて仕事を進めています
か？」と尋ねると、「別に意識したことはありません」とのこと。この担
当係長には、仕事に優先順位をつけるという意識が完全に欠落していた
のです。

　1日の仕事を始める段階では、まずその日に何を処理するのか考える
ことが必要です。考えたことを簡単にメモするためにノートを1冊準備
しましょう。業務を進めるための準備行為として、頭の中にある漠然と
した仕事の内容を明確化させます。

▶▶ 業務の項目を洗い出す

　所定勤務時間が8時間だとすれば、この8時間を使って、いかに効率的に仕事を進めるかが大切です。

　まず、ノートにその日予定している仕事の項目を思い起こし、アトランダムに書き出します。例えば、次のようなイメージです。

（a）昨日の業務終了時間間際に連絡のあった滞納者に対する納
　　　付書の送付5件の処理をする。

（b）裁判所から届いた債権届出の催告書を処理する。

（c）明日管轄の税務署へ調査に行くために、係内の財産調査件
　　　数の取りまとめをする。

（d）接触のとれていない滞納者に対して催告電話を15件する。

　その上で、それぞれの項目について、具体的な内容を想定します。

　例えば、（a）納付書の作成は数分で可能ということであれば、何かと何かのスキマ時間に対応することも考慮します。また、もし「明後日納付したい」という滞納者の要望があるのであれば、なるべく早めに納付書を作成して郵送する必要があります。さらに、納付書を送付したということを履歴事項として滞納者ごとに記録しておくことも忘れてはいけません。ここで、納付書送付の記録を忘れてしまうと、滞納者からの問い合わせ等で担当者以外が対応したときに、履歴事項に記録がないために再度納付書を送るというミスにつながりかねません。そして、こういうときに限って、2回送付の納付書で滞納者が本来1回のところ2回納付してしまうということも起きがちです。いわゆる過誤納金が発生し、その処理業務という本来不必要な仕事が増えるという結果を招くおそれがあります。

　また、（b）裁判所から債権届出の催告書の送付があったときは、早急に処理して裁判所に交付要求する必要があります。なぜなら、債権者の債権は、裁判所に到着した順番で順位が確定するからです（「交付要

求先着手」)。つまり、近隣の自治体と競合する場合などは、のんびり交付要求書を作成していたのでは、配当見込のある債権も最終的に配当されるかわからなくなってしまうからです。

（ c ）明日税務署調査に出かけるためには、他の係員から該当の滞納事案を提出してもらい、一覧表を作成しておく必要があります。明日の調査であれば、本日中に作成しておけば十分です。

さらに（ d ）15件の電話催告では、滞納者の在宅時間を想定し、また家族の在宅時間や、会社であれば営業時間を把握し、効率的に接触を図る必要があります。15件の電話催告を順次架電し、履歴事項に接触のとれた滞納者との交渉内容を記録します。

▶▶ 項目に優先順位を付ける

アトランダムにリストアップした項目について、上記のような想定をふまえて、優先順位を付けます。

仮に前記4項目を優先順位付けするとしたら、私であれば次のようになります。

（1）裁判所から届いた債権届出の催告書を処理する。
（2）昨日の業務終了時間間際に連絡のあった滞納者に対する納付書の送付5件の処理をする。
（3）接触のとれていない滞納者に対して催告電話を15件する。
（4）明日管轄の税務署へ調査に行くために係内の財産調査件数の取りまとめをする。

順位付けの理由を簡単に説明しましょう。

（1）裁判所への交付要求書の処理は、すでに述べたとおり、交付要求先着手なので、緊急性が非常に高いといえます。

（2）納付書の処理は、滞納者との約束を早期処理することで、信頼関係を構築する必要があります。「いつでも納付書を作成できる」とい

う安心感があると、つい後回しになってしまうおそれがあるため、2番目とします。

（3）電話催告は、15件とある程度数が多いため、どの程度時間がかかるか、確実な予測は困難です。不確定な事項のものは、幅広く時間設定したほうがよいでしょう。また、今まで接触のとれていない滞納者に対しての電話催告であれば、同じ滞納者に対して何度も電話催告する必要が予測できます。しかし、あくまでも大切なことは、電話催告の回数ではなく、接触がとれた滞納者の人数です。その日電話催告しても連絡のとれない滞納者には、別の日に再度電話催告すると考えたほうがよいでしょう。

（4）明日管轄の税務署へ出かけるための財産調査件数の取りまとめであれば、再度係内に調査滞納事案の選定を確認するようにお願いし、業務終了時間30分前までにリスト化して提出するように声をかけておきます。他の係員から提出されたリストをまとめておき、翌朝一番で税務署に出かけられる準備をします。

▶▶ 大まかな時間割を決める

業務の項目出し、優先順位付けが終わったら、時間配分を検討することが大切です。正確な時間配分というよりは、ある程度余裕を持った時間を設定しましょう。なぜなら、1人で仕事が完結できるのであれば、正確な時間を刻むことも可能ですが、相手のある仕事では、予定だけびっしり組み立ててもその通りになるとは限りません。むしろ、仕事を進めるほど、個別事案の処理が多岐にわたる傾向があります。

例えば、交付要求の関係でいえば、交付要求とともに差押処分をすることが必要な場合もあります。競売事件そのものが取り消された場合には、配当を求めた交付要求書も意味がなくなってしまいます。そのため、差押処分を新たに追加することもあるでしょう。仕事の範囲の広がりが経験の拡大につながり、さらには、それをこなすことで自信につながります。

先の例における4項目の時間配分を午前・午後に分けて考えると、（1）

と（2）は午前中に処理を終えます。（3）は、午後全般を使って電話催告を進めます。もし、（1）と（2）が午前の早い段階で終わっていたら、（3）に昼前から着手できれば効果的です。なぜなら、接触しやすい昼休みの時間帯に集中して電話催告することも検討できるからです。時間帯の幅に余裕を持たせることで、臨機応変に対応・処理する心構えも身につくでしょう。

▶▶ 突発的な事態の発生も考慮する

滞納整理の現場では、突発的な緊急事案が発生することもあります。

例えば、会社の倒産情報が流れた段階で、組織を挙げて租税債権の確保に入らなければならないといったケースです。

特に滞納金額が大きい法人であれば、収納課（徴収課）の職員で捜索や差押処分に参加できる人員を緊急に招集し、班を編成して何か所にも出かける必要があります。このような場合は、当然組織の仕事を優先します。組織の最優先課題に参加することで組織一丸となって目標に向けて取り組む一体感が醸成されます。

大切なことは、大局的な視野で何が優先なのかを常に考えること。組織の課題と個人の課題を意識し、さまざまな課題に対して優先順位付けが変化することも理解しておきましょう。

なお、緊急的な捜索に参加した場合、当初自分が行う予定だった業務はできなくなります。しかし、その場合でも自分が設定した予定の中で、最低限の仕事をこなすという気持ちを持つことが大切です。その気持ちがないと、自ら仕事を進めたという手応えが得られず、充実感を得ることはできません。限定された中でも努力し、小さな満足感を積み重ねることが、明日につながります。

日常業務の優先順位付けは、滞納整理の仕事だけでなく、どの分野のどの仕事でも大切です。これを若いうちから徹底できるかどうかで、数年後には大きな差がつきます。滞納整理の現場でトレーニングを積み、もし他部門に異動したときは、その異動先でも活用してください。

3 事案管理①
滞納事案の4分類

▶▶ 滞納事案の優先順位付け

　徴収職員が担当する滞納事案の数は、各自治体の納税者数や職員規模などによって、さまざまです。多いところでは、1,000件を超える自治体もあるようですが、滞納事案の内容によっても実質的な負担は異なるため、一概に多いから大変だとはいえません。

　しかし、相当数抱える滞納事案を処理していくためには、滞納事案を分類・類型化し、優先順位を付けて取り組んでいく必要があります。

　そこで、①高額滞納事案、②長期累積滞納事案、③一般時効完成直前滞納事案、④少額滞納事案の4種類に分けて取組みを進める方法を紹介します。

▶▶ 高額滞納事案

　「80対20の法則（パレートの法則）」によれば、全体の2割の活動やエネルギーで8割の結果を得ることができるといわれます。また、反対に全体の8割の活動で全体の2割の結果を得るともいわれます。

　ビジネスでいえば、「売上の8割は顧客の2割の契約で占めている」といわれます。これを滞納整理、特にわかりやすい「滞納繰越分」に当てはめれば、滞納金額の高い順に滞納事案を並べると、上位2割の件数が全体の金額の8割を占めることになります。逆にいえば、金額の少ない滞納事案を下から合計すると、件数の8割が金額の2割を占めることになります。

　この80対20の法則を活用してみると、それぞれの自治体における滞

91

納金額の上位2割の件数を高額滞納事案とすることもできます。

　しかし、現実には、高額滞納事案と位置付ける定義（基準金額）はそれぞれの自治体で判断が異なります。また、滞納整理の取組み次第では、高額滞納事案がだんだん減ってしまい、高額滞納事案の基準金額を徐々に下げることも考えられます。こうしたことを鑑みれば、高額滞納事案の定義を一定にする必要もありません。例えば、人口の多い市では高額滞納事案を100万円以上、人口の少ない市では50万円以上、あるいは30万円以上という場合もあるでしょう。

　大切なのは、各自治体の設定に基づく高額滞納事案全件をA4判の紙に一覧表としてリスト化（見える化）することです。一覧にすることで、進捗が一目で把握できます。この一覧表を常に係員や班員が確認できる状態にして、滞納事案の処理が終わった段階でその一覧表の該当欄を赤字のラインを引き抹消していきます。最初に一覧表を作成した段階で40件あったものが、1か月、2か月と経過するごとに赤字の抹消ラインが増えることで、改めて達成感や残っている滞納事案を処理する意欲が湧いてきます。

　高額滞納事案については、税務署や他の自治体・民間への調査は、一般的に資産があると判断されやすいものから順次進めます。高額滞納事案全件の一斉調査に手間がかかるようであれば、すぐに調査にかけられるものから進めるほうが効果的です。その結果、始めて1つ2つの財産調査で財産が判明したら、滞納処分するための手続きにすぐに入ることが肝要です。大切なのは、時間をおかずに早期処理すること。調査して財産が判明しているにもかかわらず、1人の滞納者の全体の財産が判明するまで様子を見るという姿勢は、時間の無駄遣いです。「判明したものから順次差押処分する」といった組織ルールを徹底しておけば、誰でも同じ方法で処理できます。

▶▶ 長期累積滞納事案

　次に長期累積滞納事案です。最初の滞納発生年度から20年とか10年経過している滞納事案を長期累積滞納事案と呼びます。これも自治体の

滞納事案の処理によって、10年以上の古い年度のものがないということであれば、一番年度の古い滞納事案を含むそれより年度の若い滞納事案を想定してください。まずは、高額滞納事案と同様に長期累積滞納事案一覧表を作成し、リスト化しましょう。

長期累積滞納事案は何代も前の先輩たちから引き継いだものといえます。この長期累積滞納事案は事案が少なければ少ないほど、先輩・同僚が処理した結果であり、望ましい状態といえます。逆に、たくさんの長期累積滞納事案があるときは、やりがいを感じてください。「自分のために残してあった」と捉え、前向きな取組み姿勢を前面に出しましょう。

長期累積滞納事案は、すでに差押処分がされているのが通常です。仮に差押処分がされていないのであれば、至急差押処分に入ります。このとき注意しなければならないのは、一般時効の滞納件数を含んでいないことを確認すること。わかりやすくいえば、最初の滞納が発生してから、その事案の滞納票が5年間未記入で、納付も差押処分も納税義務の承認もないとすれば、一般時効により徴収権は絶対的に消滅して租税債権の請求はできないと考えてください。

つまり、地方税法18条では、滞納した税には5年の時効がある旨を定めており、時効を迎えると、租税債権を放棄しなければならず、損失として「不納欠損」に計上しなければなりません。その場合は5年間回収努力を怠っていたということであり、徴収職員としては一番恥ずかしいことだと認識しなければなりません。

高額滞納事案や長期累積滞納事案については、係長や課長が個別の滞納事案ごとにヒアリングを行うことがおすすめです。これは、滞納整理における優先順位が高いということを徴収職員に意識させるためです。ただし、ヒアリングの実施は、取組み計画等で1～2か月前から事前に周知することが大切です。ヒアリングの質を高めるためにも、滞納事案をしっかり把握した上で臨むことが大切です。

▶▶ 一般時効完成直前滞納事案

法律に関する有名な格言に、「権利の上に眠る者は保護に値せず」と

いう言葉があります。これは、租税債権においても同様であり、前述のとおり、地方税法18条では、地方税の消滅時効について規定しています。

　数年前まで、この地方税の消滅時効に基づく不納欠損処理額は、全国の合計額が毎年500億円前後となっていました。これは由々しき金額であり、消滅時効で不納欠損が発生しているようでは、徴収職員のプロ意識もまだまだ低いといわざるをえません。1人の徴収職員としては、「自分の受命している滞納事案からは、絶対に消滅時効を発生させない」という強い気持ちを持つことが大切です。

　では、消滅時効を発生させないためには、どのように対応すればよいでしょうか。出納閉鎖（毎年5月末）になると、前年度の決算額が確定します。そのとき、滞納繰越分として滞納事案を当該年度に繰り越しすることになります。滞納者1人に対し滞納事案ごとに、当該年度に時効により消滅する事案がないかチェックすることが重要です。この滞納繰越分の繰越時期にチェックをかけるのが、最も効率的・効果的な処理といえます。

　仮に、繰越時期に当たる6月にチェックをかけられなかったとしても、気がついたらすぐにチェックをかけましょう。チェックをかけて出てきた滞納事案については、消滅時効完成直前滞納事案一覧表としてリスト化します。早期に滞納事案を個別に財産調査して、財産がなければ執行停止処分（地方税法15条の7）として、租税債権の回収を一時的に棚上げします。執行停止処分をする上で、当然停止要件が定められていますが、これも広い意味での滞納整理です。

　また、差押処分をする財産が判明すれば、差押処分をすることで、一般時効が中断されることになります。財産が判明しなければ、執行停止処分、財産が判明すれば差押処分を6〜7月中には終わるように進めましょう。大切なのは、徴収職員全員が同時に消滅時効を発生するかどうかの確認を行うこと。組織によっては、一部の徴収職員だけが一所懸命に確認しているにもかかわらず、決算時期に消滅時効が発生していることが散見されます。組織全員で徹底することが肝要です。

▶▶ 少額滞納事案

　最後に、少額滞納事案について解説します。この「少額」の定義も自治体によって異なり、税収が豊かな自治体では、少額滞納事案が50万円未満あるいは100万円未満というところもあるでしょう。一般的には、10万円未満や30万円未満と考えて差し支えありません。少額滞納事案は、80対20の法則でいえば、件数は全体の8割で金額は全体の2割ということになります。とにかく、滞納件数の数が多いのが特徴です。

　少額滞納事案は、いくら全員で頑張っても、全体に与える影響は少ないものです。しかし、高額滞納事案の処理ばかりを進めると、一般時効が発生する滞納事案になりかねず、少額滞納事案は、進め方に関し悩ましい事案といえます。そこで、常時少額滞納事案を処理するのではなく、時期に応じて対応することがおすすめです。

　例えば、1月の最初の1週間、あるいは四半期ごとの最後の月の中旬などにだけ、一斉に取り組む方法も考えられます。この期間が終わったら、また優先順位の高い滞納事案を処理します。このように、時期に応じて少額滞納事案を積極的に処理することは、年度初めに策定する年間計画表に組み込んでおきます。

　取組み期間を設定したら、文書催告や電話催告だけでなく、臨戸も取り入れましょう。ただし、この臨戸は訪問徴収ではありません。あくまでも滞納者の生活実態を把握するものです。ただし、滞納者が在宅していれば納税交渉もできる可能性があります。

　全国の自治体の中には、「臨戸はしない」と明言しているところもありますが、接触できない滞納事案を少しでも打開するには、臨戸も1つの方法です。もちろん、臨戸しようとしても、オートロックのマンションで入ることができなかったり、不在で接触ができなかったりすることも十分考えられます。そのときは、差置き文書を事前に準備しておき、いつまでに連絡を頂きたい旨を明記して滞納者の郵便受けに入れます。

　このように、滞納整理を進める上では、メリハリのある取組みが大切です。

4 ◆ 事案管理②「見える化」

▶▶ リスト作成による「見える化」の必要性

　仕事をしていて、注意散漫になってしまい、何をしているのか見えなくなってしまうことはないでしょうか。

　私も、はじめは、いつの間にか脱線しているようなことがよくありました。そうならずに、実績を上げるコツは、リストを作成することです。

　リストの作成により「見える化」することで、目の前のリスト上の滞納事案に集中することができます。リスト化した用紙は、紛失防止のため、フラットファイルなどに収めるのがおすすめです。

　リストを作成せず、自分の思い込みだけで仕事をすると行き詰まりや後戻りが多くなり、リスト化して取り組んだ場合の倍の時間がかかることもあります。ただし、リスト化は段取りの1つだと考えて、どのような取組みにどのようなリストを作成すればよいか工夫することが必要です。行動を起こす前に、具体的なリストを作成し、意識を明確化させて仕事に取り組みましょう。

▶▶ どのような「見える化」があるか

　前項で述べたとおり、滞納金額の内容によって、高額滞納事案、長期累積滞納事案、一般時効完成直前滞納事案、少額滞納事案という4分類でリスト化したら、用紙の備考欄に状況を簡単にメモします。

①高額滞納事案

　高額滞納事案であれば、例えば、「財産調査中（預金・不動産）」などと記します。滞納事案が法人の場合には、「売掛金差押で取立予定」な

■リストによる見える化のイメージ

	氏名	住所	本税額	件数	備考
1	甲野乙郎	○○町 1-1-1	280,000 円	2	財産調査中
2	丙山丁子	△△町 2-2-2	150,000 円	1	売掛金差押
3					
4					
5					
6					
7					
8					
9					
10					

備考欄に状況、方針等をメモしておく

どと記載することで、係長や同僚もリストを見ただけで、どこまで進捗しているか理解できます。また、滞納者が来所予定の場合には、「○月○日来所予定」と日付を記載します。

②長期累積滞納事案・一般時効完成直前滞納事案

　同様に、長期累積滞納事案もリストの備考欄を活用しましょう。また、一般時効完成直前滞納事案は、出納閉鎖が終了した6月中にリスト化し、自分の受命事案の中から当該年度に時効が発生する滞納事案をピックアップします。当然、電算システムでリスト化が図られているのであれば、時効の更新を処理したかどうかを備考欄や余白にメモしておきましょう。その上で、時効更新のメモが入力されていない滞納事案については、いつまでに処理を図るのか担当者に確認することも忘れてはいけません。

③税目別滞納事案

　税目別滞納事案のリスト化は、自治体の組織目標によって異なります。例えば、自動車税の徴収率を前年度より0.5ポイントアップするという方針であれば、少なくとも四半期毎に自動車税の滞納事案リストを作成し、納付がされたかどうか、また差押処分として自動車の登録差押等を実施したのかどうか確認します。また、個人住民税であれば、市町村の

徴収職員は普通徴収の期別に滞納金額を高額順にリスト化します。決して、1年分まとめて年度末にに着手することのないように、早期着手を心がけましょう。

④年度別滞納事案

　年度別滞納事案のリスト化では、複数年にわたり滞納事案が発生している滞納者をまとめます。長期累積滞納事案と同様に、同一の税目で毎年滞納が発生しているような事案です。この滞納事案は、根本解決に向けて取り組まなければならないケースといえます。具体的には、所有不動産に課税される固定資産税の滞納事案が考えられるでしょう。仮に、所有不動産を差押処分しているのであれば、抵当権者である金融機関に今後の展開を確認するのも1つの方法です。

⑤複数滞納票滞納事案

　複数滞納票滞納事案のリスト化は、いくつもの税目で滞納が発生している事案についてのものです。例えば、法人二税（法人事業税・法人住民税）と事業所税、不動産取得税を滞納しているような事案です。このような滞納事案は、滞納票が何件も累積しているため、早期処理を心がける必要があります。ときには、法人の売掛金を差押処分するなど、強い姿勢で「滞納を許さない」という気概を示すのも大切です。徴収職員としては、1人の滞納者で何件もの滞納事案を処理できれば、滞納件数の処理に大きく貢献したことになります。滞納金額だけでなく、滞納件数を伸ばすことを意識してください。

⑥単票滞納事案

　単票滞納事案のリスト化は、同一税目で件数がたくさんあるものと考えてください。例えば、自動車税や軽自動車税などは、滞納金額は大きくないものの、とにかく滞納件数がたくさんあります。いわゆる小額滞納事案であり、一定時期に大量の滞納票が出るため、取組み時期を決めて徴収職員全員で一斉に取りかかるのがおすすめです。通常は、金額が低いと優先順位が低くなり、大量の滞納事案に埋もれてしまいます。そうならないためにも、リスト化することで注意喚起を促すことができます。場合によっては、専門担当を設置して、全体の指示役として他の徴収職員に声かけさせてもよいでしょう。

取組み時期に合わせた「見える化」

　取組み時期に合わせてリスト化するものには、不動産差押該当リスト、長期分割納付者リスト、財産調査リストがあります。

　不動産差押該当リストとは、出納閉鎖が終了した段階で固定資産税が長期にわたって滞納している滞納者の一覧です。出納閉鎖が終わった6月を滞納整理の仕事における年度のスタートとすれば、その時期に係や班レベルで取り組みます。なぜなら、この時期は、新年度の新規滞納事案がまだ発生していないため、滞納繰越分に集中することができるからです。係や班の職員全員で短期間に大量の不動産差押処分を実施するのがおすすめです。徴収職員が1人でコツコツ不動産差押の書類を作成するのではなく、流れ作業的に書類を作成するほうが、大量の差押処分を行うことができます。

　長期分割納付者リストとは、滞納金額に見合わない長期分割納付を続けている滞納事案の一覧です。徴収職員が安易に滞納者の分割納付に妥協した結果として生じるものであり、例えば、「生活が苦しいので、毎月5,000円しか分割納付できない」といった連絡を受けて、長期の分割納付に応じた事案です。このような滞納事案の処理は、組織にとって最も徴収率を低下させる原因になります。なぜなら、分母の滞納額に対して分子の収入額が極端に少ないためです。改めて長期分割納付者に対して呼び出しを行うなど、分割納付の計画の再交渉が求められます。

　財産調査リストは、表見財産を調査してもなかなか判明しないような場合に作成します。ときには、組織のベテラン職員にこれまでの経験知でどのように打開したらよいかアドバイスを求めることも必要です。また、人的ネットワークを活用して他自治体の職員にアドバイスを聴くのも方法です。

顕在化させる「見える化」

　他に「見える化」するものには、長期間不動産差押処分リストと延滞金だけの滞納事案リストがあります。

長期間不動産差押処分の滞納事案リストとは、不動産差押処分をしたまま、長期間にわたって進展のない事案の一覧です。滞納者には、通常不動産の差押処分によって抵当権者から圧力がかかるのが一般的です。それにもかかわらず、抵当権者から不動産競売事件の申立てもないなど、動きのない滞納事案であり、捜索も視野に入れて検討する必要があります。

　延滞金だけの滞納事案リストとは、滞納事案の本税は徴収したものの、それに伴う延滞金だけが残っている事案の一覧です。地方税の徴収率にも影響せず、予算・決算についても税外収入ということで議会などの関心が低いものの、これも本来であれば広い意味での収入です。表面的な実績に捉われることなく、このような表に出てこない滞納事案も顕在化させる必要があります。延滞金だけの滞納事案であっても、滞納処分をすることが税の公平性につながります。躊躇することなく滞納処分を実施しましょう。

▶▶ その他（管轄外・遠隔者リスト）

　それぞれの自治体の管轄内は、積極的に納税交渉や臨戸、さらには滞納処分を実施するものの、管轄外・遠隔地の滞納事案については、どのように対応しているか知る由もありません。いろいろ話を聴いている限りでは、積極的に滞納整理を実施しているようには思えません。管轄外・遠隔地であろうと滞納事案に代わりはなく、これもリスト化して催告書や簡単な財産調査を進めましょう。

　なお、最近、民間企業が管轄外や遠隔地の滞納者に催告書を届ける業務等を請け負っており、今後の推移を見守りたいところです。

5 ◈ 事案管理③視覚的管理

▶▶ 視覚的管理とは

　事案管理では、視覚的に管理することも有効です。つまり、滞納事案を内容別に色をつけて、徴収職員が自らの受命事案をビジュアルに工夫して管理する方法です。

　これは、私が担当係長として、滞納整理の仕事を最初にした都税事務所で、先輩課長補佐の別の係での実践をヒントにアレンジしたものです。

　その課長補佐は、毎週係員の滞納事案をチェックし、赤い付箋紙を滞納票に貼付していました。そして翌週月曜日に「赤い付箋紙のついている滞納事案は、今週中に差押処分を実施すること」と職員に指示していました。その係の実績は常に私の係より上回っており、事務所在籍中は、超えることができませんでした。その後、私が管理職になり、どうすれば事案管理ができるようになるか考えたときに当時を想い出し、改良して編み出したものです。

▶▶ 青・黄・赤色の色別事案管理

　まず、交通信号と同じ青・黄・赤に、後で用いることになる黒を加えた4色で区別できる材料を用意します。4色に分けられるものであれば、材料は、付箋紙やビニールテープ、ファイルなど、入手しやすいものでOKです。付箋紙やビニールテープであれば、滞納事案の個別票のわかりやすい位置に貼付します。イメージとしては、ファイリングキャビネットを開けたとき、赤や黄、青の付箋紙が目に入る状態を想像してください。

青・黄・赤の色を用いるのは、パッと見て、すぐに判断できるようにするためで、私はシグナル・セパレート・チェック方式（SSC方式）と呼んでいます。これを使って、それぞれ、次のように区分けします。

---

①青色

　信号と同じく、前に進むというイメージ。つまり、毎月の分割納付等の約束がしっかり履行されている滞納事案です。

②黄色

　約束が1回ないし2回不履行となっている滞納事案で、注意が必要と思われる事案です。

③赤色

　滞納者との約束が3回も4回も不履行となり、この先進めないというような滞納事案です。例えば、分割納付の約束したものの、何か月も納付がなく、滞納金額が減少していない事案や、滞納金額を一括で納付すると約束したものの、約束を履行しない事案などが含まれます。

　この3色に分けて、①青色は継続して履行の確認、②黄色は要注意、③赤色は滞納処分に着手、とすれば、色で何をしなければならない滞納事案か自ずと見えてきます。誰でも、大量の滞納事案を前にすると、何を最初にやらなければならないか、戸惑ってしまうもの。そうならないためにも、この色別管理をおすすめします。

　なお、この色別管理はエクセルのシートの色を青・黄・赤色にするなどパソコンでも応用できます。

▶▶ 黒色の事案管理

　信号の3色に加えて、もう1色加えてみましょう。

　黒は、財産調査したものの、表見財産を発見することができず、通常であれば執行停止処分とするものに当てはめます。

もちろん、高額滞納事案であれば、最後の確認として捜索も視野に入れて取り組むべきです。執行停止処分となる滞納事案は、収入金額や徴収率には影響することもありますが優先順位は高くありません。しかし、処分に着手しないままにすると、徴収できない債権の金額や件数がたくさん上述の計数の分母として残ることになります。徴収できない債権は、執行停止処分として適切に滞納処分する必要があります。

　例えば、何年も納付がなく、財産調査を進めたところ、滞納者が行方不明になっていたとしましょう。この場合、執行停止処分に入る前に金融機関調査、税務署調査、臨戸をしっかりと積み重ね、新たな財産が見当たらない状況とした上で、処分の要否を判断することが求められます。

　ただし、黒の滞納事案ばかりを進めていても、実績は向上しません。そこで、一斉に処理する時期を設定するのもよいでしょう。滞納繰越分をチェックする6～7月の後の8月と、12月末から翌年1月の上・中旬に集中して処理するのも方策の1つです。当然ながら、この時期に執行停止処分の決議をするのであれば、それまでに根拠となる財産調査の各方面の回答も集めておくことを忘れないようにしましょう。

▶▶ 4色の事案管理と応用

　青・黄・赤・黒の色に加え、色のついていない滞納事案を「無色」とすれば、5色で管理していることになります。

　この色別管理の応用編として、私が現場の管理職時代に取り入れたのは、青色の滞納事案の管理を徴収職員から、収入管理の職員に滞納事案を移動させたことです。なぜなら、青色は1か月に一度の履行確認をすればよいのであり、収入管理職員に納付があったかどうかを確認させ、徴収職員にはなるべく他の滞納事案に専念させたほうがよいと判断したからです。もちろん、当初は収入管理職員から文句が出ましたが、「徴収職員が一生懸命に滞納整理の仕事を進めているのだから、協力してほしい」とお願いしました。皆納得してくれたものの、収入管理職員からの申し出により、「納付約束の履行が守られなかったときには徴収職員に戻す」ということにしました。

黄色は、約束不履行が１、２回発生しているということで、徴収職員にそろそろ財産調査を進めるように指示しました。固定資産税で滞納が発生しているのであれば、不動産登記簿を取り寄せるなど、差押処分の準備に入るということです。上司からすぐに差押処分を指示されても、事前に調査をしなければ即刻差押処分ということは難しいものです。しかし、この段階で複数の財産調査に着手すべきかは、判断に迷うところです。つまり、無駄な財産調査ばかり先行して手間をかけることが得策とは思えません。納付になるかならないか、徴収職員の見極める力が問われます。担当者として滞納者と納税交渉を進める中で、この「見極め力」を磨くことが大切です。

　当然ながら、最も注意すべきは、赤色です。これらの滞納事案は、滞納者と納税交渉を行った上での約束不履行なので、このまま不履行を放置すると、徴収職員が放置したことを是認したことになります。

　私の経験上、約束が長期間履行されない理由を滞納者に問い詰めると、「担当者から何も連絡がなかったのでそのままにしてしまった」と言い訳をする滞納者がいます。開き直って「連絡を寄越さない担当者が悪い」と言い始める場合もあります。このような言い逃れをされないためにも、一定の期間が経過したら滞納処分を実施しましょう。そのため、一定期間経過したことがすぐわかるようにしておくことも重要です。

　なお、「無色」は、色がついていない、４色のいずれにも分類できない事案です。分類できないのであれば、できるように何らか進めるしかありません。徐々に無色の色の滞納事案をいずれかの色をつけることができるように進展させる必要があります。

▶▶ 滞納事案のグルーピング効果

　色別の管理は、グルーピングになり、自分の頭を整理する効果があります。大きな括りで整理できれば、今度はいつでも整理した頭の中の棚から取り出せます。そして、この大きな括りができたことで、次の段階で区分されて、より詳細に整理されていくのです。

　差押処分でいえば、債権の差押え、不動産の差押え、動産の差押え、

車の差押え等の大括りがあるとしましょう。債権の差押えは、さらに預金、給与、生命保険、売掛金と中区分に分けることができます。整理されていない知識もこのような区分による棚が確立されると、いつでもどこでも取り出すことができる知識に変換されます。

第 **5** 章

徴収事務の
組織マネジメント

1. ◈ 目標管理①
事務運営計画

▶▶ 組織の方針を策定する

　ここからは、主に管理職・管理監督者の方に向けて、組織のマネジメントについて解説します。若手の皆さんも、自分の職場がどうマネジメントされているか、それが自分の仕事と職場全体の仕事にどうつながっているかを理解するヒントにしてください。

　組織目標を達成するには、「組織運営方針」を定める必要があります。

　組織として何を目標とするのか、そのためにどのような心構えが必要なのか、どのような対応を基本とするのか、何を大切にするのか、組織を継続するために何を求めるのか、箇条書きで作成します。もちろん、その組織を大きく変革する場合には、その具体的な内容を盛り込まなければなりません。

　これは、一般的に管理監督者・管理職が作成すべきものと考えられていますが、経験のある一般職員が基本的な項目を叩き台として作成し、皆で検討するという方法があってもよいでしょう。

　滞納整理の経験がまったくない管理職が異動して、すぐに作成できるものではありません。むしろベテラン職員でチームを作って、短期間のうちに作成するべきでしょう。最初は完璧なものでなくても問題ありません。毎年修正しながら、練り上げていけばよいのです。

　組織運営方針には、例えば、「予算額の確保」や「調査の徹底」、「厳格な情報管理」といった内容を盛り込みます。組織が過去に事件・事故等を起こしているのであば、その反省としてその内容を項目にします。

　また、組織運営方針は、各自治体が抱える緊急の課題をどのように克服するかという観点を盛り込んでもよいでしょう。さらに、市町村合併

して何年か経過したものの、各職員が合併前の自治体の組織風土で仕事をしているため、相互に温度差が生じているような場合は、その解消に向けてどう取り組むかを盛り込みます。つまり、他自治体の組織運営方針をそのままコピーできるものではなく、それぞれの実状に見合った内容が求められます。

▶▶ 組織運営方針から運営計画へ

　大切なことは、徴収職員が全員同じ方針を貫くこと。一言でいえば、同じベクトルを指し示すことです。簡単な組織のクレド（信条）であってもかまいません。

　その上で、組織運営方針からさらに展開して、当該年度の「事務運営計画」を策定することが有効です。それが方向性の指針となります。

　人事異動が行われる４月に策定するのが理想ですが、異動したばかりの管理監督者・管理職であれば、少し遅れてもかまいません。２年目であれば、事前に準備することができるため、人事異動に併せて策定します。

　実際には、事業年度の開始と滞納整理事務の開始においてタイムラグが発生します。つまり、自治体の事業年度は４月からであり、ほとんどの自治体では人事異動も４月に行われます。しかし、滞納整理事務は５月末の出納閉鎖を受けて決算に入るため、実質的な新年度は６月からとなります。ここで２か月間のタイムラグが生じるため、６月から事務運営計画を策定する方法もあります。

　しかしながら、徴収職員の異動時に事務運営計画を策定し、説明しても何ら問題はありません。明確な方針が打ち出されていないと、徴収職員は独自の対応を取ることがあります。この２か月間に先輩職員の自己流の方法を教えられるのも問題です。そうならないためにも、早い段階で明確に指示することのほうが得策です。私の経験から言っても、何も方針を指示しないことによる不安定さが徴収職員のモチベーションに影響するので、要注意です。

▶▶ 組織運営方針に沿った取組み

　5月末の出納閉鎖、さらに決算確定時には、前年度の決算数値を分析します。計数から読み取れる、組織の強み（長所）と弱み（短所）を確認しましょう。特に、弱みを補強する手立て、具体的な取組みを事務運営計画に盛り込みます。

　例えば、人口が少ない小規模自治体で、住民と徴収職員の関係が身近なため、なかなか滞納処分できない状況であれば、「滞納者と徴収職員が納税交渉で行った約束を2回不履行にしたら差押処分する」といったルールを決めることでもよいでしょう。また、滞納者の実態把握ができていないようであれば、「現場調査を徹底するため、臨戸の実施を必ず行う」と明記するのも1つの手です。臨戸は、滞納者の生活実態を確認する上で非常に重要な行為ですが、最近の傾向として、極力臨戸を実施しない方向へ進んでいます。しかし、臨戸は効果的な手段であり、その必要性を再認識するのであれば、事務運営計画の中に記載して意識化させることも必要です。抽象的な言葉ではなく、具体的な方法をわかりやすく記載しましょう。

　滞納整理に向けた方策だけでなく、新規採用職員や他部門からの異動者をいかに短期間で一人前の徴収職員に育成するかという観点で策定することも大切です。人材育成の観点を事務運営計画に盛り込まなければ、徴収職員はただ自分の受命事案を処理するだけで終わってしまいます。滞納整理の仕事をしながら、人材育成も組織的に進めていくことが重要です。

▶▶ 何を大切に組織運営するか

　繰り返し述べているように、最も大切なのは、滞納者を納期内納税者にすることです。催告もないまま、財産調査だけで財産を発見して滞納処分にしても、滞納者は反省することはなく、ほとんどの場合は、自治体の徴収権限によって強制的に処分されたことへの反感しか残りません。

滞納原因も人それぞれであることを考えると、きちんと納税交渉を行った上で滞納額の縮減を図るという、基本的なスタイルを実現するための取組みを事務運営計画に時系列で記載することもできます。

　なお、近年、電話催告等の民間委託が盛んに進められていますが、委託のデメリットも明らかになってきています。民間委託により、徴収職員は最初から滞納者と納税交渉することなく、一定期間民間業者が処理した上で事案を引き継ぎます。そのため、最初の段階での滞納者との接触がなくなることで、従前よりも納税交渉の仕方が不得手になっている傾向が見られるからです。従前よりも納税交渉の力量が弱くなっているのであれば、事務運営計画にその強化策も盛り込む必要があるでしょう。

▶▶ 迷ったら組織運営方針に戻る

　事務運営計画を策定しても、それをただ上位者が一方的に通達するだけでは、徴収職員には内容が伝わりません。全員を集めて内容を説明したり、班や係ごとに内容を話し合ったりしなければ、絵に描いた餅で終わりかねません。

　納税交渉では、その場で判断しなければならない場面が出てきたとき、「いったん戻って出直してきます」とは言えない場合もあります。自分で判断しなければならないときのためにも、組織運営方針を具体的な場面に照らして読み解く力を養うことが大切です。

　納税交渉でせめぎ合いをする中では、ギリギリの交渉になることがあります。そのときは、方針である事務運営計画に適っているのかを考えることが重要です。自分自身で納得できる落としどころがあることが、追って上司に報告する場合にも役立ちます。まずは相手の話を聴いた上で、こちらの方針と照らし合わせて考えることが大切です。そのためにも、方針から計画において一本の筋を通して、課の全員が理解・共有することが求められるのです。

第5章　徴収事務の組織マネジメント

2. 目標管理② 数値目標計画

▶▶ 年度末の数値目標計画の設定

　自治体では、単年度決算を1つの区切りと考えれば、それを受けて徴収部門として新たな年度の数値目標を計画する必要があります。

　事務運営計画が「具体的な取組みや行動」だとすれば、数値目標計画は「日々の積み重ねによって目指すべきもの」です。

　目標が設定されていると、目指すものをはっきりと確認でき、具体的に取り組む内容も想定できます。目標がないと、ただ漫然と日々の業務を処理しているだけになってしまいます。徴収職員が目標に向けて、効率的・効果的な取組み方法を独自に考え、その結果を反省し、修正しながら経験知を蓄積することが大切です。

　さて、数値目標計画については、前年度の決算が確定したところでさまざまな分析を行います。当該年度の予算額はすでに議会で決定され、その予算額確保に向けて組織はスタートしています。分析には、この当初予算額と前年度の決算額を比較検討する方法がとてもわかりやすいでしょう。なぜなら、前年度取り組んだ内容はまだ記憶に新しいためです。さらに、人事異動があったとしても徴収部門の全員が異動することはないと考えると、前年度からの在籍者に取組みの内容を確認することもできます。管理監督者・管理職が数値目標計画を策定するにあたっては、上司・部下の意見をまず聴くことから始めましょう。

　ときには、政策的な意味合いで予算額が策定されていることもあるでしょう。予算額が低く設定されているのは論外として、高く設定されているようであれば、その政策的な意味も解釈して、新たな目標数値を策定する必要があります。部下の中には、目標数値を低く設定してほしい

という職員もいます。低く設定すれば、あくせくせずに達成できると思っているからです。しかし、少し背伸びするくらいの数値目標がなければ、徴収職員は日々の努力を惜しんでしまいます。「現状維持は衰退につながる」と考えれば、当然少し高い目標設定が必要となります。

▶▶ 計画設定内容

数値目標計画のイメージを具体的に説明しましょう。

まずは、全体の予算額確保のためにどの程度の徴収率を確保しなければならないかを明確化します。その上で、税全体の徴収率、現年課税分の徴収率、滞納繰越分の徴収率を前年度決算の数値をふまえて比較します。

仮に、全体の予算収入額を100億円、全体の予算調定額は105億円、収入額100億円と設定して考えてみましょう。

内訳として、現年課税分調定額100億円、収入額98.5億円（徴収率98.5%）。滞納繰越分調定額5億円、収入額1.5億円（徴収率30.0%）。この予算額であれば、全体の徴収率は95.24%（100億÷105億）（小数第三位を四捨五入）となります。これが予算額であれば、当面この予算額100億円の確保を目標設定することになります。徴収職員にはまず、「収入額100億円」と「徴収率95.24%」を明確に記憶させましょう。

余談ですが、この段階で全体の調定額（ここでは105億円）に占める滞納繰越分の調定額（ここでは5億円）の割合を確認する必要があります。つまり、全体の調定額に占める滞納繰越分の調定額の割合が5％を超えているようでは、明らかに不良債権額が多いと判断できます。ましてや10％を超えているようであれば、徴収職員がどんなに努力しても全体の徴収率を押し上げることはなかなか難しいでしょう。最初の段階で、次年度の滞納繰越分の調定額の割合をどの程度にするか、概ね設定することをおすすめします。

さて、数値目標計画として、予算額を上回る額と徴収率を確保するという観点でいえば、現年課税分収入額98.7億円（徴収率98.7%）、滞納繰越分収入額1.7億円（徴収率34.0%）に設定するとします。全体の収入

第5章 徴収事務の組織マネジメント

113

額は 100.4 億円で、徴収率は 95.62% となります。そこで額で 0.4 億円、徴収率で 0.38 ポイント上回る計画を策定することになります。これに、前年度の実績を比較することで、昨年より概ねどれくらい徴収しなければならないか計算します。

このように、具体的に数値として落とし込むことによって現実感が伴ってきます。

▶▶ 現年課税分の徴収率

ここで、前年度の決算額と徴収率を計画した予想額と、予想徴収率と比較します。

仮に、前年度決算額で現年課税分調定額 99.8 億円、収入額 98.2 億円で、徴収率 98.40% であれば、今年度の数値目標計画は前年度と比較した場合、金額で 0.5 億円 (98.7 億円 − 98.2 億円)、徴収率では 0.3 ポイント (98.7% − 98.4%) 上回らなければなりません。

前年度の決算に特段の特殊要因がなかったとすれば、全体的に収入金額を伸ばす必要があります。現実的には、現年課税分で前年度の実績より 2 〜 3 ポイント伸ばすことはとても難しいものです。ほとんどの自治体で、現年課税分の徴収率が 97 〜 98% の実績であることを考慮すると、現実離れした目標は、職員のモチベーションが計画段階から喪失してしまうことになりかねません。

収入金額で 0.5 億円を前年度実績に上乗せしなければならないとすれば、昨年度の決算額の基幹税目に分散して上乗せします。例えば、個人住民税に 0.3 億円、固定資産税に 0.2 億円といった具合に仮置きして、現年課税分の収入額が確保できるかどうか再計算します。

ここで、改めて現実的に可能かどうか再確認することが大切です。机上での単なる数値合わせだけでは最後になって辻褄が合わなくなり、計画そのものが現実的ではなかったということになりかねません。

私の場合は、計画数値を策定した段階で徴収職員に指示を出しました。内容は、受命事案の滞納事案でどれくらい徴収できるか概算数値を算出させ、それをライン係長が取りまとめて全体の収入額を推計します。そ

の上で、計画数値と取りまとめ数値を比較し、現実的な上乗せ額を想定します。ここまで確認しておけば、決算の段階で大きく相違することはないでしょう。徴収職員の負担としても、概算数値の算出に多少の時間は要するものの、何週間もチェックにかかるというわけではありません。現実的な計画数値目標を策定するという観点で確認しているもので、その分精度が高くなります。

▶▶ 滞納繰越分の徴収率

次に、滞納繰越分においても、前年度の決算額と計画予想額・率と比較します。仮に、前年度決算額で滞納繰越分調定額5.5億円、収入額1.6億円と徴収率29.09％（1.6億÷5.5億）であれば、今年度の数値目標計画は、前年度と比較した場合、金額で0.1億円（1.7億円－1.6億円）、徴収率では4.91ポイント（34.0％－29.09％）上回らなければなりません。この滞納繰越分決算でも特段の特殊要因がなかったとすれば、収入金額を伸ばす必要があります。滞納繰越分は現年課税分と違って、徴収職員の努力次第では、徴収率を40％にすることも可能です。実際に、全国の自治体の中には徴収率が40％を超える自治体がたくさんあります。

この滞納繰越分の計画数値においても、徴収できる金額を概算数値として算出させ、計画数値との乖離金額を把握します。私の場合は、出納閉鎖終了後、なるべく早い段階で滞納繰越分を担当している徴収職員一人ひとりと滞納事案のヒアリングを実施していました。その中で、徴収できる滞納事案の金額を積算し、大雑把に収入金額の把握に努めます。データにより裏を取ることは、上位者としてはとても重要であり、仕事をする上での安心につながります。

▶▶ その他配慮すべき計数

全体の数値目標を達成するためには、現年課税分と滞納繰越分の収入額と徴収率だけではなく、行動計画数値を策定してもよいでしょう。具体的には、催告回数（文書催告・電話催告）や財産調査回数、さらには

差押件数など徴収職員の業務内容を目標数値として掲げます。なぜなら、徴収職員が努力していることが、すべて収入金額に結びついているわけではないからです。また、徴収職員の滞納処理による税の収入実績のみで業績等を判定すると、間違った判断を下すことになる可能性もあります。

　そのようなことがないように、さまざまなデータを把握して、徴収職員の業績評価をする必要があります。多面的に徴収職員の仕事ぶりを把握することは、公正な評価とメンバーからの信頼にもつながるのです。

3. 進行管理①
進行管理会議

▶▶ 進行管理会議とは

　組織全体の目標の進捗状況を年度途中で確認するためには、毎月、進行管理会議（マネジメント会議）を行います。

　進行管理会議は、いつから開始するのか、誰を対象とするのか、何を会議するのかを明確にした上で、運営する必要があります。

　進行管理会議が毎月開催されることもなく、決算を迎えるとなると、組織目標がどのような経過で達成されるか理解できないことになります。少なくとも毎月、組織目標に向けたベクトルの方向性と進捗状況を確認することが必要です。少人数の組織であれば、毎朝の朝礼等で指示の徹底を図ることも可能ですが、何十人もの組織となると、指示の徹底を図ること自体が大変です。そのため、定期的な進行管理会議を開催することで、メンバー全員の状況を確認し、決算に向けての取組み内容を見定める必要があります。

▶▶ いつ頃から開始するか

　進行管理会議は、いつから始めればよいでしょうか。決算が終わってすぐに開始するとなると、メリハリがなく徴収職員は疲れ切ってしまいます。年度末から人事異動、さらには出納閉鎖と、精一杯取り組んできた徴収職員も燃え尽きてしまうでしょう。

　心身の健康を保つ意味でも、一旦小休止することも必要です。また、年度末近くになって開催しても、時間がなく取組み内容にも限界が生じます。こうした事情を勘案すると、8月が終わり、夏休みでリフレッシュ

した9月頃から開始するのがおすすめです。

　前月末の実績が確定したところで、前年度の実績と今年度の実績を比較し、さらに今年度の数値目標計画の伸び率も考慮します。この3つの計数を算出した上で、計画数値と今年度のこれまでの実績にあまり乖離がなければ、順調に推移していると考えてよいでしょう。問題は、乖離が相当ある場合です。そのときには、早急に手を打つ必要があります。

　なお、進行管理会議の頻度は、1か月に1回で十分です。1か月に2回実施するとなると、会議のための資料作成だけで次の会議が迫ってくることになり、日々の取組みに集中できなくなってしまいます。会議の回数を多くすれば実績が上がるものではありません。会議の内容が問われます。

▶▶ 誰を対象とするのか

　進行管理会議は、小さい組織であれば全員参加も可能です。仮に10〜20人程度であれば、一度に集合して、現状を把握することは十分できます。しかし、これを超える人数であれば、全員ではなく班長や係長をメインに主任級も参加させることも検討したほうがよいでしょう。

　班長や係長の中には、会議で決定された結論だけを班員や係員に伝えて、その理由等を伝えず、職員から不信感を持たれるケースもあります。これを防ぐためにも、可能であれば主任級職員も参加させ、指示の確認等を補足させるとよいでしょう。

　以前受講したある研修で、「上位者の指示を下位の職員に伝えていくと、職層ごとに理解度が半減する」という話を聞いたことがあります。つまり、仮に課長から班長や係長、さらに主任、主事と4つの職層ごとに指示を伝えた場合、課長を100とすれば、班長や係長は50、主任は25、主事は12.5となるということです。だとすれば、伝える職層をまとめれば、理解度も上がるはずです。この例であれば、課長を100とすれば、班長や係長は50、主任と主事は一緒に説明すると25になります。研修では、半減することを補充するために、上位者が自ら直接下位職員に対して説明することで半減分をカバーすると教わりました。

全員参加を基本方針としていたとしても、実際には休暇や出張、研修などのため、参加できない職員もいるでしょう。それは仕方ないとして、大切なのは、参加している職員の意識です。「ただ参加すればよい」と思われないように、参加者全員に現状説明の準備をするよう指示しておき、当日の会議でアトランダムに何人か指名して進捗状況を説明させれば、参加者の意識も高まります。

▶▶ 進捗状況を確認し、分析する

　進行管理会議の議題は、もちろん全体の進捗状況の確認がメインです。全体をさらに分析する上では、班や係ごとの実績を分析することも必要です。例えば、今年度の全体の目標数値が前年の実績より５％高い目標設定にもかかわらず、対前年度実績１％アップということであれば、４ポイントの開きがあります。これは決して楽観視できるものではなく、少なくとも翌月の進行管理会議で目標値に近づけたいと思うのであれば、相当な取組み強化を図る必要があるでしょう。

　また、係ごとに分析した結果、４つの係のうち、Ａ・Ｂ・Ｃの係は今年度の目標数値に近い実績だと判明したものの、Ｄの係は前年度の実績の半分で全体の実績の足を引っ張っていることが判明したとします。

　そこで、課長はＤ係の係長に会議当日、係としての分析と今後の取組み内容を説明することを指示します。

　私が初めて課長になったとき、先月の取組み実績額が対前年度を上回っており、会議の参加者の間に「現状のまま推移すれば十分に目標達成できる」という雰囲気が漂っていたことがありました。そこで私は、データを示し、「たまたま大口の滞納者分が複数納付になっただけである。なぜなら、納付額に伴う納付件数・人員は対前年度実績マイナス５％という計数になっている。これは皆が取組みをした仕事量と考えれば、前年度よりも５％も少ないことになる。この時点の実績金額に浮かれていてはいけない」と叱咤激励して緊張感を持たせたことがあります。緊張感が一度緩むと、戻すのはなかなか難しいもの。このように、実績金額だけでなく、納付件数・人員も分析に入れることがおすすめです。

▶▶ 今月の重点的取組み、来月の予定を説明する

さらに、一番大切なのは、前月の結果をふまえた今月の取組み内容の説明です。組織全体としての取組みであるため、全員で一斉に取り組むような内容とします。

例えば、9月下旬を臨戸強化月間とする場合、民間の給料日（25日）前に催告業務をしなければなりません。具体的には、文書催告・電話催告を実施し、納付のない滞納者や連絡の取れない滞納者を絞り込むことが必要です。その上で、臨戸で接触を図ったり、不在であれば家の外観調査をしたりします。

また、10月であれば、9月の臨戸強化月間で差置き文書を届けたにもかかわらず、まったく連絡のない滞納者に対して、差押処分を一斉に行うなど、行動を伴う取組みとします。なお、10月は天候が比較的安定しているため、自動車のタイヤロック強化月間を設定してもよいでしょう。タイヤロックとは、差押えを行った自動車のホイールを専用装置で固定し、運行をできなくすることです。タイヤロック後に滞納が解消されない場合は、自動車を強制的に搬出し、公売にかけ、売却代金を滞納分の税に充当します。

徴収職員は、これらの取組みを実施した場合には、上位者に報告できるように実施回数等を記録することが大切です。データを集めて分析し、客観的に効果があるのか確認します。

今月の取組み予定が上位者から説明されたら、徴収職員は具体的に事前準備をする必要があります。臨戸をするにしても、行き当たりばったりでは何件も実績を上げることはできません。効率的に臨戸するためには、臨戸する地区の地図に滞納者宅を落とし込み、回る順番を検討します。北と南、東と西を頭に入れて無駄のないように臨戸コースを設定することも準備が必要です。差押処分をするのであれば、財産調査を実施した上で財産を特定し、タイヤロックを実施するためには、事前に車がどこに駐車しているか確認しておく必要があります。

余裕を持った事前準備ができれば、無駄がなく、間違いも少ないものです。何より早め早めの着手が肝要です。

会議の最後に、翌月の取組み予定を簡単に説明します。

　いつ頃、何を取り組むのか事前に伝えておくことで、徴収職員の予定も立てやすくなります。私自身、初めて課長になった職場で、月半ばである取組みを指示したところ、ライン係長に「突然指示されても動けません。すでに納税交渉等予定が入っています」と冷たく断られたことがあります。それ以来、この進行管理会議で必ず翌月の取組みを説明することにしています。さらに、可能であれば、翌々月の取組み内容と実施時期を伝えることができれば、より実績向上につながるでしょう。

　そして、次回の進行管理会議では、先月の取組み、今月の取組み、来月の取組みを1か月動かしてローリングさせていきます。こうすることで、取組み内容に一貫性を持たせることができ徴収職員は安心して取組みに集中することができ、結果的に目標を達成できます。

　なお、翌月の進行管理会議の日程も予定日として掲げておけば、参加する徴収職員はスケジュールを立てやすくなります。計画は、時間の組立ても大切な要件だと心得ておきましょう。

4 進行管理②
PDCAサイクルの実践

▶▶ 真の進行管理とは

　滞納整理における進行管理は、単なる実績の確認ではありません。

　進行管理とは、目標と実績の乖離をどのように解決するかを考えることです。目標額である収入額（結果的には徴収率も目標数値となっています）に対して、今どこまで進捗しているのかを確認し、目標よりも相当な額が不足しているのであれば、直ちに手立てを考案し、実行に着手しなければなりません。これが、滞納整理における PDCA（Plan-Do-Check-Action）サイクルの実践です。

▶▶ PDCAサイクルとその実践

　従来、滞納整理における進行管理では、月末の実績額が確定する翌月上旬を待ってから分析していました。分析には時間がかかり、それをふまえて新たな取組みを策定するには、さらに時間がかかります。結局、実績額が確定した翌月上旬から新たな取組みまで、半月や1か月が必要になるのです。つまり、9月末の実績額であれば、10月上旬に実績額が確定し、11月に入って取組みをすることになるのがこれまでの一般的な方法でした。

　しかし、現在は、滞納整理はさらにスピード感を持って進める必要があります。そこでおすすめしたいのが、チェックをかける時期を早める方法です。

　つまり、当月の実績を翌月上旬まで待つことなく、当月の15日前後に概数で実績額を確認します。確定額が必要なのは決算であって、途中

経過の額は通過点にすぎません。そして、分析に必要とされる実績額は、次の手立てを講じるための概数が判明すればよいのです。

まず、当月の 15 日前後に概数を出します。そして、その概数が当該月の目標額の何割程度に当たっているか積算します。これが当該月の目標額の 4 〜 5 割まで達成していれば、そのまましばらく様子を見ることにしてもよいと考えられます。月の半分を経過したということであれば、目標の達成率からいって妥当な割合だといえるでしょう。

しかし、これが 1 〜 2 割ということであれば、当該月末実績は相当落ち込むことが予想されます。そこで、当該月の残り半月とか 2 週間の取組みを即時に指示するのです。

例えば、臨戸が少ないと思えば「月末までの 2 週間に徴収職員 1 人 100 件の臨戸実施をすること」、また差押件数が少ないと判断すれば、「月末までに徴収職員 1 人 10 件の差押処分を実施すること」といった内容を指示することができます。

▶▶ PDCAサイクルの応用

チェックをかける時期を早める方法は、部下に報告を求める際にも有効です。私は、報告が求められている案件については、提示した日から期限までの中間時点で職員自ら中間報告を申し出ることを組織のルールにしてきました。

なぜなら、報告すること自体を失念して、報告間際になってようやく思い出して気がつく職員がいたからです。報告を受ける立場としては、直前になって「報告期限が明日までということを忘れていました」と言われても、リカバリーもフォローもできません。

報告期限の中間で、進捗状況が悪いことがわかれば、誰かに手伝ってもらうことも可能です。このルールは試行錯誤の中で生まれた方法ですが、ぜひおすすめです。

5. 進行管理③ ヒアリングと進捗確認

なぜヒアリングを実施するのか

　滞納整理を順調に進めるには、上位者（課長や所長）による滞納事案のヒアリングを実施することで、個々の徴収職員が滞納事案をどのように管理しているのか確認することが重要になります。

　また、このヒアリングを通して、上位者と担当者の意思疎通を図る意味もあります。

　ヒアリングで大切なのは、どのような滞納事案をヒアリングするのか、観点を明確にすることです。滞納繰越分で長期滞納事案がたくさんある組織では、長期的な視点で滞納事案をセレクトします。また、新規滞納事案の中でも高額滞納事案が多い場合には、一定額以上の滞納事案をヒアリング選定事案としてリスト化します。

　また、徴収職員の受命事案のうち、滞納金額上位者20人をヒアリングするという方法もあります。決算分析により、取組みの弱い個所をヒアリングという場を活用して「見える化」することが求められます。

ヒアリングの進め方

　ヒアリングは、なるべく簡潔に、職員の手間をかけずに実施することが肝要です。

　私が滞納整理業務を始めた頃は、「ヒアリングシート」のような様式が設定されており、詳細に滞納金額、滞納年度、滞納原因、滞納経過、納付状況、差押処分、国税等の状況と盛りだくさんの項目を一人ひとりが作成・記入していました。受命事案が多い上に、選定された滞納事案も

多く、ヒアリングの予定を告げられただけで気が重くなったことを覚えています。

そこでおすすめなのが、滞納者別の滞納金額一覧表というＡ４判用紙を作成し、その備考欄にメモを書かせ、それをもとに行う方法です。

まず、滞納者別に「なにを・いつまで・どうする」という観点で簡潔にメモするように指示を出します。これであれば、滞納者の状況を把握している徴収職員は時間をかけることなくメモとして記載することができます。例えば、預金口座が判明しているので普通預金の口座を今月末までに差押処分するということを記載するとすれば、「普通預金・今月（10月）末まで・差押処分」とメモします。仮に、財産調査が未調査であれば「財産調査・来月（11月）上旬まで・完了」など、その滞納事案の処理方針がわかるように書きます。

このメモをもとに、職員に直接ヒアリングを行い、課長として考える方向性を示します。その説明に対し、職員が納得すればメモを指示し、納得できないようであれば代替案を指示しましょう。出席者は、職員と課長、そしてライン係長にも同席してもらうのがおすすめです。ライン係長には、課長がヒアリングをして方向性を示した内容をメモして、指示した内容を確認した上で翌々月に課長に提出するように指示します。

私がこの方法を取り入れ、「ヒアリングを実施する」と告げると、いつも真っ先に手を挙げる職員がいました。いつも最初に私のヒアリングを受けるので「なぜ一番にヒアリングを受けるのですか？」と尋ねると、「課長と早くヒアリングを実施すれば方針が確定するから、自分の滞納事案の処理が進む」と答えてくれたのです。方向性の確認にヒアリングが活かされていると実感し、私も課長としての自信を持つことができたのを覚えています。

▶▶ いつ頃実施するのか

ヒアリングは、いつ頃実施するのが妥当でしょうか。

1回目は、滞納繰越分のチェックが行われた後ということで7～8月に実施するのがおすすめです。出納閉鎖が終わると、決算の確定の間に

第5章　徴収事務の組織マネジメント

滞納繰越分を新年度に繰り越さねばなりません。そのときに改めて個別に滞納整理の方向性を確認します。ヒアリングを行う事案の選定の方法は、滞納金額50万円以上の滞納事案を全件ヒアリング対象とするとか、2年間一度も納付のない滞納事案をリスト化して実施するなど、いろいろ考えられます。

2回目は、9～10月頃がよいでしょう。前回とは選定の基準を変えてリスト化します。この2回目は滞納繰越分だけでなく、現年課税分で新規に発生した滞納事案もヒアリングの対象とするのがおすすめです。現年課税分で大口の滞納事案が発生している場合には、その滞納事案も含めたヒアリングとします。

なお、ヒアリングの実施については、1か月程度前に徴収職員に周知し、事前の準備期間を設定しておきましょう。突然、「明日からヒアリングを実施する」と言っても、準備ができていないと言って徴収職員は応じてくれないことも考えられます。仮に、そのような状況でヒアリングを実施しても、実のあるものにはならないでしょう。ヒアリングの実施については、できれば事務運営計画に実施時期を記載するのも有効です。

3回目は、12～1月頃に実施します。このヒアリングは、年度内に処理するということでいえば最後のヒアリングになります。

このように、年間3回程度のヒアリングが適切な回数だと私は考えますが、皆さんの自治体にとって最善の回数を検討してください。ヒアリングは、慣れるまで時間がかかるかもしれませんが、その効果が表れ始めると、徴収職員はその効果に手応えを感じ、積極的にヒアリングに取り組むようになります。ぜひ、効果の出るようなヒアリング内容を検討してください。

▶▶ ヒアリングの留意点

ヒアリングを行う上位者（課長・所長）が注意したいのは、瑣末なことばかりチェックして、ダメ出しをして職員のモチベーションを下げてしまうことです。重箱の隅をつつくことのないように実施し、何をいつまでにするのかという方針の確認を最優先に取り組みましょう。

また、対象事案については、常に同一の事案ばかりヒアリングを実施
していると、徴収職員はマンネリ化してしまいます。仮に、長期に及ぶ
取組みが方針として出されたとしても、毎回その滞納事案をヒアリング
するのではなく、新たな対象事案を追加するなど考慮する必要がありま
す。もし、同一の滞納事案をヒアリングするのであれば、前回と変化の
あったところだけ職員に説明させるというのでもよいでしょう。

　加えて、ヒアリングの対象事案を常に一定以上の滞納金額とする方法
はおすすめできません。これも職員が向上心をなくすことにつながるの
で、一定金額の事案のヒアリングが終わった段階で、次回はいくら以上
からと今回と違うヒアリング基準を事前に周知するようにしましょう。

　例えば、1回目で100万円以上の滞納事案のヒアリングが終了すれば、
2回目は70万円以上100万円未満、3回目は50万円以上70万円未満
という具合に徐々に金額を下げることが必要です。

　ヒアリング基準の金額を下げると、対象件数は格段に増えることが想
定されます。たくさんの案件をヒアリングすることは労力もかかります
が、その分、後から実績が付いてくるのでそれを職員に実感させるため
にもヒアリングはぜひ実施しましょう。

6 危機管理・トラブル事案への対応

▶▶ 日常業務の中に潜んでいる

　膨大な滞納事案の処理を進めていると、ときに気の緩みが生じてしまい、トラブルが起きることがあります。組織を挙げた取組みなどが終了して、ホッと気を抜いたときに事件が発生することが多いものです。

　例えば、窓口へ来所した滞納者から、「高圧的な態度・物言いで不快だった」という苦情が持ち込まれたり、滞納者との納税交渉の内容で食い違いが発生し、「伝えた」「聞いていない」と押し問答になったりするケースもよくあります。約束した日までに何万円納付するという内容が確認されないまま差押処分に入り、トラブルに至ることもあります（この場合、滞納しているのは明らかなため、状況によってはトラブル解決は保留したまま、滞納処分を継続することもあります）。

　これらは、担当者レベルで処理することができる初歩的なトラブルといえますが、大切なのは、原因を究明し、それを相手にしっかり伝えて理解を得ること。場合によっては謝ることも必要です。そして、同じ間違いがないように次に活かすことが重要です。過去のトラブルを掘り起こし、「接遇トラブル事例集」のようなものを作成するのも1つの方法です。

　職員は組織を代表していると見なされているため一部の職員が間違った対応をすると、住民から組織対応が間違っているという判断を下されかねません。職員一人ひとりがその組織を代表しているという自覚の下に、納税者や滞納者と接することが求められます。

▶▶ 原因の究明

例えば、催告書を滞納者に送付したところ、滞納者Aから「別人Bの名前が記載されている」という連絡が入ったとしましょう。

まず行うべきは、滞納者AとBを担当している担当者を特定して、いつ、誰に、何を出したのか確認することです。このとき、滞納者A・B2人ともに催告書を送付したのであれば、まだ連絡のない、もう一方の滞納者Bに対しても確認します。これは、単純にAとBの催告書を封筒に入れ間違えた可能性が高いと考えられます。

そうではなく、これが例えば20人に催告書を送付したとなると、20人全員を対象に催告書送付先が正しいかを確認する必要があります。仮に20人分のリストが作成されていたとすると、段ずれによる送付ミスも考えられます。この場合は、送付先に連絡を入れるなどして、催告書の内容に間違いがないか、1件ごとにチェックしましょう。別人の名前の間違った催告書と判明すれば、すぐに回収に伺うなど速やかに対応することを相手に伝えます。確認対象の人数が多いと、担当者1人では対応が困難であるため、班や係、場合によっては課全体で対応します。こうした事態の場合には、組織で対応する問題と考えた方が無難でしょう。

催告書が別人に送付された可能性があるにもかかわらず、そのまま放置していた場合、大人数のリストでのミスになると、別の何人もの滞納者から同様の苦情が自治体に入ることになります。その後、苦情の内容が同じものだと自治体の苦情処理を窓口とする別の組織が原因を追及することとなり、自治体として個人情報の漏えい事故として謝罪することになります。もちろん、この場合は、マスコミに一斉に報道されることとなり、住民のその自治体の税務行政への信頼は一瞬にして失墜してしまいます。また、滞納者が直接マスコミに通報することも考えられます。その場合も同様に、マスコミ対応は避けられなくなるでしょう。

▶▶ すぐに上司に報告する

トラブルが発生すると、人は「自分でなんとかしなければならない」

と抱え込んでしまったり、「何とかなるだろう」と希望的観測を持ったりしがちです。しかし、滞納整理においては、1つ対応を誤るとマスコミ発表ものになることもあります。上司への報告、特に悪い報告は早ければ早いほど、事後対応がしやすくなります。

5世紀前半、中央アジアに君臨した遊牧騎馬民族として知られるフン族のアッティラ大王は、「悪い報告をした部下は誉めよ。悪い報告をしなかった部下は罰せよ」という言葉を残しています。たとえ悪い報告でも、本当の情報を把握したリーダーは危機においては逆に有利な立場になります。真相を知らずに、見当違いな指揮命令を下してしまうと、被害を大きくすることになることを示し、悪い事態でも事実を報告することを奨励した言葉です。

トラブルが発生して報告しようとしたときに、上司が出張していたり、休暇だったりして報告できず、大事なトラブルの内容がすぐに上司に伝わらないこともあるでしょう。重要報告は即日が基本。金曜日にトラブルが発生したにもかかわらず、週明けの月曜日に報告しようとすると、どんどん時間が経過して事態が悪い方向に進展しかねません。どんな場合でもすぐに上司に報告し、判断を仰ぐことが大切です。

仮に上司（課長）が不在であれば、さらにその上の上司（部長）に報告しましょう。もちろん、一段上の上司に報告した後に、直属の上司が戻ったらすぐに、「トラブルが発生し、課長が不在でしたので何時頃部長に報告をいたしました」と伝えることも忘れずに。

▶▶ 組織の体制を振り返る

管理監督者・管理職は、すぐにトラブルの内容が上がる体制を整えておくことが求められます。その上で、上司は常に冷静に部下の話を聴き、的確な判断をする姿勢を見せておくことが必要です。

悪い報告を受けた途端、「何をしているんだ！」と怒鳴り散らすようでは、職員は報告しづらくなります。職員を委縮させてしまい、かえって報告が上がってこないという悪循環に陥りかねません。どんな場合でも、いつもと変わらない温かい態度で部下の報告等を受け入れると、情

報は自然に入ってくるようになります。

　組織体制を振り返り、情報が上がってこないポストがあるとしたら、その担当者と理由・原因について話し合う必要があるでしょう。「なぜ、情報が上がってこないのか、何か気づいていることがありますか？」と問いかけ、相手に考えさせることから始めましょう。いきなり叱責しても、改善に繋がることはほとんどありません。まずは、現状の問題点を把握することが肝要です。これは主事・主任・係長・課長いずれの職層であろうと同様です。

▶▶ 威圧的言動には躊躇なく110番通報を

　電話や窓口で威圧的な言動をして、徴収職員を脅し、暴行を加える滞納者に出くわすこともあります。こうした事態が起こったときは、直ちに警察に110番通報しましょう。

　躊躇する必要はありません。納税交渉を中止することが最優先です。窓口で大声を上げ、徴収職員に対して怒鳴りちらす場合には、「組織における管理権に基づき発言します。業務に支障をきたしますので、お静かにお願いします」と2～3回繰り返し、それでも収まらない場合には、警察官に来てもらい、任意で事情を確認してもらうことも1つの方策です。管理職として、速やかに判断して動きましょう。

　また、庁舎内に録画システムが導入されていれば器物損壊や暴行の場面の映像・音声は、威圧的言動をした本人を処罰するための証拠になります。もし、システムが導入されていなければ、職員のスマートフォン等で遠巻きに録画・録音したものも証拠になりえます。

▶▶ 暴力団等には複数人で対応し、毅然と対応する

　徴収職員は、納税交渉の際、滞納者が指定する庁外の場所には単独で絶対出かけてはなりません。管理職の目の届かないところでトラブルが起きても、職員を守ることはできません。滞納者に自治体の窓口などに来てもらい、説明するのが原則です。

また、滞納者が暴力団等であり、その人が来所することがわかっている場合には、複数人で対応しましょう。あらかじめ対応する職員を選んでおき、交渉役の職員、記録を取る職員、時間を計る職員など役割分担を決めて対応します。このとき、仮に相手方が3人であればこちらは4人以上とするなど、相手の人数よりも多い人数で対応することが大切です。

また、最初に時間を区切って交渉することも有効です。「次の会議も予定されているので、30分とさせてもらいます」といった具合に最初に申し出て、時間を設定しておくのです。時間を設定しておかないと、相手は長い時間をかけ、こちらの判断力が低くなる状況に持っていこうとするからです。

その上で、相手の話に応じることができないときは、きっぱりとその旨を伝えましょう。優柔不断な対応は、相手に付け込む隙を与えます。こうした修羅場は、経験を積むことで肝を据えて臨むことができるようになってきます。相手が威圧的なので嫌な思いをしても決して逃げてはなりません。逃げなければ、相手も諦めます。なぜなら、徴収職員には財産調査権（捜索する権限も含む）があるため、場合によっては警察官立ち会いの下、改めて捜索を開始する方法もとれるからです。

職場内研修（OJT）を通じて、公務執行妨害罪（刑法95条1項）、不退去罪等（同130条）、脅迫罪（同222条）、威力業務妨害罪（同234条）等を学び、理論武装することも必要です。

▶▶ ハインリッヒの法則

1件の大きな事故の裏には、29件の軽微な事故があり、さらにその裏には300件のヒヤリ・ハット事例（事故には至らなかったものの、ヒヤリとした、ハッとした事例）があるといわれます。これを「ハインリッヒの法則」といいます。重大事故の防止には、事故の発生が予測されたヒヤリ・ハットの段階で対処していくことが必要です。滞納整理の仕事でいえば、常に班や係、課のそれぞれのポストでチェックをかけて、未然に防ぐことが肝要です。

7 ◆OJT・部下指導

▶▶ 仕事の基本はOJT（職場内研修）

　仕事を覚え、身につける基本は、OJT（職場内研修）です。

　私が初めて滞納整理の仕事に就いた頃、徴収職員は皆、自己流で仕事を進めていました。それゆえ、教え方もバラバラ。係や課で統一した教え方はなく、納税交渉中心の進め方、催告書の送付がメインのやり方、差押処分中心など一人ひとり違った滞納整理を行っていたのです。

　このようなバラバラな教え方では、組織としての方針に沿った滞納整理を行うことはできません。

　そこで大切なのは、事前にOJTの教材を作成し、誰でも同じように基本的なことを教えられるようにすることです。

　そして、OJTは失敗事例を用いながら行うのがおすすめです。私がOJTを行うようになったきっかけは、1人の他部署から異動してきた職員の切実な叫びでした。4月の異動から1か月が経過してもOJTが実施されないため、痺れを切らしたその職員が「この職場には仕事の基本を教える者はいないのか！」と叫んだにもかかわらず、先輩職員は誰も手を挙げる者がいなかったので、2年目の私が手を挙げたのです。勤務中は通常業務で忙しいため、勤務時間終了後に始めた勉強会は、その後、当時の事務所の所長も参加するようになり、私的な勉強会から、事務所としての研修に位置付けてもらえるようになりました。

　OJTの題材は、ほとんど私が実際に失敗をした滞納事案です。自分の失敗を、その原因も含めて説明するのですから、特段難しいことではありません。その後、勉強会が噂になり、他自治体からも参加者が集まりましたが、参加した人は、異口同音に「上手く行った滞納事案ではなく、

第5章　徴収事務の組織マネジメント

133

失敗した滞納事案だから素直に受け止めることができる」と言ってくれました。これが、私の滞納整理のOJTの原型となっています。

なお、OJTはできるだけ異動直後の早い時期から行うべきです。かつては、年度初めの異動職員の研修は、出納閉鎖が終わり決算数値が確定した6月か7月頃に行われていました。しかし、異動した4月の後2～3か月間、まったく研修が行われず、前任者や個人的に教えてくれる先輩に教わるだけでは、身につく内容がどこかバランスに欠けてしまうのです。4～5月は出納閉鎖までの追い込み時期であり、研修講師をさせる人手がない場合もあるでしょう。私の場合は、その後都税事務所の課長になった際は、OJTの講師を課長補佐に依頼したものの、業務多忙を理由に断られてしまったため、事務所の課長である私自身が講師を務めていました。

▶▶ OJTは3段階方式ではなく、4段階方式で行う

OJTは、4段階方式で行うのがおすすめです。

これは、私が以前、心臓の手術を受けた際に、ハーバード大学に留学した経験のある執刀医から聞いた話がもとになっています。

日本のOJTは一般的に、①OJTの項目内容について「説明する」、②OJTの研修講師が「やって見せる」、③OJTの研修内容を受講生に「やってもらう」という3段階で実施されています。しかし、ハーバード大学では、①⇒②⇒③ではなく、②と③の間に、受講生がどこまで理解できているか、確認した上で、③に進むというのです。そこで、①説明する、②やって見せる、③理解度を確認する、④やってもらう、という4段階に変更しました。これを「4段階方式」と名付けました。そして、OJTの最初の段階から、途中でどれだけ理解しているか確認する旨を述べて実施したところ、理解度が格段に上がったのです。それまでは漫然とOJTを受講していた研修生も、自分の理解度を確認されるとなると、真剣にならざるを得ません。ぜひ、OJTは3段階方式ではなく、4段階方式で行うことをおすすめします。

▶▶ OJTの課題・講師の選び方

　OJTの課題は、日常業務の中で一部の職員しか知らないことや、初めて処理した差押処分などとします。管理職は、日々の決裁業務を進める中で、これは課全員に聞かせたいと思う項目を選べばよいでしょう。例えば、口座振替申込書の記載方法、ゴルフ会員権の差押え、不動産の共有名義財産の差押えなどです。

　上がってくる決裁の中から課題を選ぶわけですが、研修講師は、決裁案件の担当者に任せます。「研修講師をしたことがないので、できない」と断る職員もいるでしょう。しかし、あくまで管理職に説明した内容を皆に説明してもらうだけでよいと説き、受けさせます。「どんな研修資料を作ればよいのかわからない」と言われる場合もあるでしょう。その場合も、決裁のコピーでかまわないとします。ただし、個人情報に抵触する箇所は黒く塗りつぶしてもらいます。

　これだけで、十分にOJTは実施できます。私は課長になった年の8月から翌年3月まで、この方式のOJTを2週間に一度、水曜日の午後に30分間の枠で継続しました。すると、OJTが進むにつれて、職員同士で研修の進め方を意見交換したり、以前に行ったテーマの内容を確認したりするなど、職員間の交流が徐々に図られてきました。皆さんそれぞれの職場に合った方法があると思いますが、管理職はOJTを核に、職員が相互に学び合う風土をつくり、人材育成を図ることが大切です。

▶▶ 新人のOJTは、2年目職員に行わせる

　新人を対象にしたOJTの研修講師は、最も身近な存在である2年目の職員に任せるのがよいでしょう。

　新人が戸惑ったり、理解しにくかったりする点を一番よく知っているのは、前年度に同じようなことを経験した2年目の職員です。中堅・ベテラン職員よりも初心者の経験に近いため、新人のかゆいところにも的確に手が届きます。また、2年目職員は、教えることで自分の仕事を振り返ることにもつながります。若手職員を育成する観点からもこの人選

方法をぜひ実施しましょう。

　なお、若手職員ばかりに OJT 講師を任せるのではなく、中堅・ベテラン職員にも何らかの関わりを持たせましょう。中堅・ベテラン職員が「自分は OJT の輪の中に入れてもらえない」と、戦力外通告を受けたような気持ちにさせないためにも、重要なことです。

　具体的には、OJT の実施テーマと日時が決まったら、そのテーマに一番精通している中堅・ベテラン職員を当日のオブザーバーとして指名します。もし、積極的ではない場合には、「貴方の経験したことを最後にオブザーバーとしてアドバイスしてください。また、別の観点から一言加えてもらえれば助かります」と言って参加を促します。

　中堅・ベテラン職員の豊富な経験を活かすことはもちろん、若手・中堅・ベテランの交流を図ることにもつながります。

第 6 章

納税交渉のポイント

1 ◆ 納税交渉の 基本的な進め方

▶▶ 滞納者との面談

　滞納整理の基本は、滞納者との面談による納税交渉から始まります。

　まず、滞納者と直接納税交渉を行うことで、滞納者の生活状況等を確認します。特に、毎月の全体的な収入と支出は必ず確認しましょう。仮に面談するために来所するという電話が事前に入ったとしたら、収支がわかるような資料を持参するように伝えます。資料もなく、曖昧な収支を聴いていて、いざ納付の段階になって詳しく調べたら、「お金がないので納付できない」という事態は避けなければなりません。

　私の経験からは、資料を持参する滞納者は納税の意欲があると考えても間違いがないように思います。滞納の理由は、金銭的にルーズであることがほとんどであり、面談では、客観的に収支を把握することを滞納者に知らせることが大切です。

　滞納整理において面談することは地方税法で規定されていないので、自治体の中には、面談ではなく財産調査を優先しているところもあります。それも1つの方法ですが、まずは交渉により、滞納原因を把握し、滞納者にもそれを理解させることが先決だと私は考えています。なぜなら、徴収職員が差押処分優先の考え方で進めると、納税者や滞納者はいつまでも税金を「取られる」という意識しか持つことができなくなります。「自ら税金を納める」という意識に変えるためには、滞納者本人の考え方を変えるような機会を設定しなければなりません。その機会こそ、滞納者との納税交渉の場です。

　滞納者との会話から、会社勤めなのかアルバイトなのか、また仕事を探しているのかなどを確認していきます。さらに、家族構成人員を聴く

ことで毎月の生活費がどれくらい必要か概ね想定できるでしょう。子供がいれば未就学児なのか、小・中学生、高校生、あるいは大学生なのかによって、学費や部活動費など必要経費は異なります。また、働き盛りの人であれば、年老いた両親を介護している、あるいは施設入所しているなど家族の構成人員による生活費全体を把握することができます。

面談では、滞納者の人権を蔑ろにすることはあってはなりません。対等な立場で面談を進める必要があります。もし、滞納者に傲慢な態度で徴収職員を顎で使うような物言いをされたとしても、冷静に大人の対応を心がけましょう。

また、個人情報への意識は常に持っておくこと。納税交渉時には、持参資料はなるべくテーブルに置かないようにします。滞納者に覗きこまれて、その資料の情報提供元などが知られてしまう危険性があるからです。さらに、離席など納税交渉を中断する場合には、いったん徴収職員が作成したメモなどの書類は、自席に持ち帰ることが大切です。そのまま放置した状態にしておくと、滞納者がその書類を持ち帰ることもありえるので、要注意です。

▶▶ 滞納者との電話交渉

滞納者が仕事の都合などで来所できない場合には、電話での納税交渉も必要です。電話の場合、時間に余裕がある場合は滞納原因等の話から聴くことも必要ですが、滞納者が仕事の昼休みに連絡してきた場合などは、できるだけ簡潔に、ポイントを絞って内容を伝えましょう。

滞納額が現在いくらあると把握しているのか、それをいつ納付しようと考えているのか、その納付方法はどのような手段なのかということを聴きとり、滞納者の個別情報に入力するなど、交渉の情報を記録します。滞納者から「納付書を〇月〇日までに送付してほしい」と依頼されたにもかかわらず、記録しておかなかったために失念してしまい、トラブルに発展するケースはよくあります。こうした事態を避けるためにも、しっかりと記録しましょう。

また、電話で交渉する場合は、関係書類やパソコンの端末から、過去

の納税交渉等の履歴、注意点などを確認します。滞納件数が多くなると、書類や端末画面を開くのが面倒になることもありますが、多少の時間がかかっても内容の確実さを意識して交渉することを習慣づけましょう。電話で滞納者を待たせたとしても、せいぜい2～3分にすぎません。その時間に前回の交渉内容も思い出すことができれば、今回の電話交渉は充実したものになります。

　電話は、お互いの顔を見ることができないので、感情的な言葉のやりとりになってしまうことがあります。私自身、滞納処分されたことに腹を立てた滞納者から、「お前の家を探すことなんか簡単なんだ。家族が一緒にいるんだろ。家に火をつけるぞ！」と言われ、「今、家に火をつけると言いましたよね。それは脅迫罪に当たりますよ。私が滞納処分をしたことを取り消せというのであれば、職務強要罪ですよ」と声を荒らげたことがあります。私の言葉を聞いて、滞納者は急にトーンダウンし、翌日臨戸すると、前日とはまったく別人のように丁寧に対応されたことを覚えています。しかし、感情的な言葉で交渉することは得策ではありません。あくまでも冷静に、落ち着いた言葉遣いを心がけましょう。

▶▶ 臨戸での交渉

　臨戸は、滞納者との交渉や生活状況等を確認するために実施するものであり、かつて行われていた「臨戸徴収」ではありません。

　文書催告や電話催告等で連絡がとれない滞納者に対してはそのまま放置するのではなく、現地確認も含めて臨戸することが大切です。住所地を訪ねてみると、すでに家を引き払って空き家になっていたり、別の方が住んでいたりすることもあり、現地確認による状況確認は、滞納整理では非常に重要です。

　「現場」に出向いて「現物」に直接触れ、「現実」を捉える「三現主義」は、滞納整理にも当てはまります。徴収職員一人ひとりの目、耳、感覚を使って滞納者の生活状況を把握することが求められます。ただ机の前に座って滞納者から連絡を待っているだけでは、前に進むことはできません。

　臨戸して、呼び鈴などを鳴らして用件を告げる際は、言葉遣いや言い

回しに注意が必要です。特に、狭く密集した場所で、大きな声でインターンフォン越しに所属・氏名を名乗った後、「滞納整理の件でお伺いしました」などと告げるのはよくありません。近所に聞こえるではないか、と必ず苦情・文句を言われてしまいます。そうではなく、「税金の件でお伺いしました」という言い方のほうが適切です。挨拶の段階で文句を言われてしまうと、出鼻を挫かれることになり、滞納者に話の主導権を握られかねません。滞納整理では、こうしたちょっとした配慮が欠かせないのです。

　納税交渉に入ったら、まず、相手が滞納者本人か家族かを確認します。第2章の「3　秘密は絶対に守る」でも述べたとおり、交渉相手を間違えるとそれが問題となり、トラブルになりかねないので、必ず確認しましょう。用心に用心を重ねることが臨戸をするときの基本です。組織で過去に臨戸によるトラブルが発生していたとしたら、それらを集めて「臨戸トラブル事例集」を作成し、新規採用職員や未経験職員に向けた臨戸前のOJTに活用しましょう。

▶▶ 1～2年で滞納解消へ

　納税交渉では、現在の滞納金額を「いつまでに終了させるか」という目標を滞納者に理解させることが大切です。

　いつも徴収職員がリードしていると、担当者から連絡がないと納付できない滞納者になってしまうおそれがあります。滞納者を自主的に納付する納期内納税者にするためには、滞納者にも意思表示させることが必要です。せいぜい1～2年で完納となるような分割納付を原則として、毎月の分納額を設定しましょう。

　ただし、滞納金額に見合わない少額の分割納付は問題です。職員の手間等を考えると、長期分割納付はおすすめできません。滞納者の中には、納付能力があるにもかかわらず、少額の分割納付を申し出る者もいますが、申出金額が妥当なものかどうか、慎重に見極める必要があります。滞納者は、分割納付をすることで、徴収職員に対して納税における誠意を見せることができると考える一方、資力に余裕があるため、滞納した

税金に回すのではなく、別の資金に使ってしまうことがあります。滞納者は、「分割納付で誠意を見せているのだから、滞納処分されることはない」と高をくくっているのです。

　このような場合は、財産調査を行い、納付できる能力・資力があることを把握した上で差押処分をする必要があります。滞納者によって、一人ひとり滞納原因も滞納額も違います。納税交渉等では、しっかりと滞納者の財産の見極めをすることが大切です。

2. 不要な接遇ミスは犯さない

接遇も大切な仕事

　一般的に自治体の庁舎に出かけると、総合受付の窓口は接遇に慣れていて、対応がしっかりしていると感じる一方、税務部門の窓口では、概して接遇には無頓着な印象を受けることがあります。

　不用意な発言や、不適切な言葉遣いは常日頃から注意し、身だしなみについても納税者や滞納者が不快に感じないように気配りを忘れないようにしましょう。

　私はかつて、電話で、「滞納者の○○さんですね。どうぞよろしくお願いします」と言ってしまい、相手から「今、何と言った。滞納者の○○さんだと？　俺は今回初めて滞納したんだよ。今まではきちんと納めていたんだよ。その言い草は何だ！」と怒鳴られ、謝罪したことがあります。「納税者の○○さんですね」と言うだけでよかったにもかかわらず、言葉の配慮が足りなかったのです。

　不要な接遇ミスで納税交渉の機会を失うのは避けたいことです。どんな相手にも配慮を忘れないようにしましょう。

滞納者からクレームを受けないように

　接遇が不適切で、本題に入る前に苦情やトラブルが発生すると、納税交渉に進むことができなくなることもあります。つまり、接遇ミスによる苦情等は生産性に欠けるもので、滞納整理の本来業務ではありません。

　接遇ミスによるクレームを告げる滞納者は、今後の納税交渉等で有利に事を運びたいという気持ちを持っています。担当の徴収職員だけでな

第6章　納税交渉のポイント

143

く、場合によっては上司を呼んで謝らせようとします。謝らせることで、自分の交渉を一段有利な立場にしようとするわけです。

　もし、相手が暴力団などの場合は、特に注意が必要です。一度でもこちらから謝れば、その納税交渉は完敗を余儀なくされます。相手による、こちらの発言への追及はとても厳しいものがあり、さらに、相手は妥協しないため膠着状態が続くでしょう。そして、最後に職員が根負けするような状況になってしまいかねません。主導権を握らせないよう気をつけましょう。

▶▶ 生産性のない単純ミスはなぜ起こるか

　どんなに気をつけても、滞納者からの苦情やトラブルは起こります。そのときは真摯に承り、改善することが大切です。職員が言葉で謝罪するだけで、改善の様子がわかってもらえなければ、相手は納得してくれません。

　また、苦情の入る職員は特定の職員に偏りがちです。これは、失敗の経験を活かしていないことが原因です。

　また、トラブルの解決に相当のエネルギーを費やすこととなり、本来業務に進む前に疲れ果ててしまう。その結果、個人も組織も目標に到達しない状況となります。

　なぜトラブルになったのか、班や係、課全体で情報の共有化を図ることが大切です。ただし、情報の共有だけでは根本的な解決にはつながりません。最も重要なのは、価値観の共有化を図ること。自分の組織が考える、あるべき接遇の姿、価値観を組織として浸透させなければ、人が替わればまたトラブルが発生します。

　価値観の共有化を図るためには、日常的に意見交換できる環境づくりが必須です。たかが接遇、されど接遇。住民との最初の接点を大切に滞納整理の仕事に着手しましょう。

3. 最初にはっきり基本的方針を示す

▶▶ 最初が肝心

　滞納者と初めて納税交渉するときは、相手がどんな人かまったく情報もなく、手元にあるのは滞納実績の資料だけといったことが一般的です。

　滞納者と納税交渉するまでに時間がとれるのであれば、基本的な資料を手元に揃えることが大切です。とはいえ、単に納期限を失念していたような滞納者は、催告書の送付や電話催告だけで納付に結びつく可能性も高く、すべての滞納者を詳細に調査するのは非効率ともいえます。まずは所内調査で簡単に入手できる資料だけを準備するなど、状況に応じて考える必要があります。

　督促状や催告書を送付しても何ら連絡のない滞納者については、しっかりと財産調査を進める必要があります。調査を進めている段階で、滞納者から自治体に来所したいという申し出があれば、滞納整理を進展させる方向にあると考えて差し支えないでしょう。

　こうした滞納者からの連絡が担当者に入ったときには、納税交渉の日時の調整だけでなく、しっかりと資料の準備をして臨みましょう。また、「説明に来るのが当たり前」といった態度で職員が話をすると、滞納者も敏感に感じ取ります。「わざわざご足労をおかけてして申し訳ありません」と一言添えるだけで、話を進めやすくなるものです。

　徴収職員には、財産調査権という強い権限が与えられています。滞納者は、詳しいことはわからなくても、担当者が滞納処分権限を持っていることぐらいは理解しているはずです。だからこそ、高圧的な態度は禁物です。言葉は優しく、現状の滞納については厳しく対応するといった方針で進めることが得策です。

第6章　納税交渉のポイント

145

まずは滞納を解消する

納税交渉では、滞納原因を確認することが最優先です。

「滞納の原因は何ですか」と尋ね、明確な答えが返ってくれば、第１段階はクリアしていることになります。

次に、「現在の滞納額をどのように解消するつもりですか」と問い質します。ここで滞納者が「家族関係でお金が入用だ」とか、「会社の運営資金に回さなければならない」など、本人にとっての納付できない理由を説明するはずです。

この説明は、客観的に聴くことが大切です。例えば「医療費がかかる」といっても限度がありますし、高額療養費制度もあるため、領収書などにより正確に状況を確認する必要があります。また、「大学生である子供の学費がかかる」というのであれば、奨学金の活用やアルバイトで賄うことができないのか、考えさせます。その上で、滞納金額の納付に結びつけるように話すことが大切です。

そして、一括で納付することができるのであれば、具体的な納付日を設定して納付書を渡し、確実に支払われたのか確認します。金額が大きい場合には、約束が実行されないこともよくあるので、注意が必要です。

また、分割納付の場合は、１～２年で完納できる分割納付金額に設定することを本人に了解してもらいます。継続的に分割納付できるようになれば、後は完納になるところまで見守り、辛抱する日々が続きます。

思い出したように遅れて分割納付したり、３～４か月の間に１～２回のみ、分割納付したりするやっかいな滞納者もいます。納付はしているものの、約束をきちんと守っていることにはなりません。本人が「遅れてでも納付している」と弁解したとしても、基本的には滞納処分に移行するべきでしょう。

滞納整理ではなく、生活の整理を

最近の滞納整理では、生活再建も重要性を増しています。つまり、滞納者やその家族の生活が常識では考えられないアンバランスなものに

なっている場合が少なくないのです。

　例えば、収入を上回る支出があり、それも本人の趣味や娯楽に費やしている事例です。また、収入に不釣り合いな住宅ローンを支払っている事例もあります。毎月の住宅ローンの負担が大きく、金融機関には何とか毎月返済しているものの、肝心の税金分は滞納のままにしているのです。私はこれまで、部下を通じて、滞納者本人に金融機関へ足を運び、金利減免の話をするように提案したこともあります。

　上の例は、いずれも収支のバランスが崩れていて、いつか生活が崩壊することが推察されるものです。こうした事案では、滞納整理ではなく、生活再建についての話から始めたほうががよいでしょう。

▶▶ 新規滞納を発生させない

　分割納付が続いて徐々に滞納金額が減っていくと、担当者としてもとても嬉しいもの。滞納者と担当者の約束が守られているということで、まさに徴収職員冥利に尽きるものです。

　こうした事案は励みになり、1つのモチベーションと捉えることもできます。家計が厳しい中で約束を果たして、滞納を解消した事案を陰からサポートできた、と仕事の動機づけにすることもできます。ぜひ、小さな達成感を大切にしてください。

　また、分割納付している滞納者には、「新規滞納を発生させない」という方針でリードしましょう。せっかくこれまでの滞納金額が減少してきたにもかかわらず、新規の滞納が発生してしまっては、負のスパイラルの繰り返しです。どうか新規発生させないように滞納者に自主納付させる習慣を身につけさせましょう。

第6章　納税交渉のポイント

4 ◈ 明確な期限を設定する

▶▶ 「しばらく様子を見る」はダメ

　一般社会では、期限の設定のない約束は信頼されません。同様に、納税交渉を進める段階でも、さまざまな約束について、明確に期限を設定することが大切です。

　これは、私自身が犯した失敗からの教訓です。

　ある個人経営の会社の税金が、何年も滞納になっていたときのことです。電話催告をして、滞納者Aさんに「個人事業税の税金分が滞納になっています。納付をお願いします」と伝えたところ、「資金繰りが厳しくて払えない」との回答。「いつ支払いをお願いできますか」と尋ねても、「そんなことはわからない。余裕ができたら支払う」と言います。「どんどん延滞金が加算されますよ」「そんなこと言われても支払うことはできないよ」というやりとりの末、「そうですか、それではしばらく様子を見ましょう」と言ってしまったのです。滞納者はその一言で、安心した声で受話器を切りました。

　それから2、3か月経った夏のある日、課内の倒産情報回覧を眺めていたところ、その個人経営の会社が倒産したことがわかりました。倒産理由は、滞納者であるAさん自身の死亡。私は、電話での納税交渉で「しばらく様子を見る」といった手前、その後まったく財産調査もせず、放置していました。当然、連絡が入るわけもなく、回覧でようやく滞納者の状況を把握することとなり、最悪の状態であることをその後の1週間で思い知らされることになったのです。

　倒産情報を確認した私は、その日の内に税務署調査を行い、金融機関や売掛金調査を行いました。いくつかの取引銀行や売掛先が判明したの

で、翌日からは直接金融機関調査に出向きました。最初に訪れた金融機関、次の金融機関ともに、「国税の○○税務署が差押済み」との回答。気落ちしたまま3番目の金融機関を回ったものの、まったく同様でした。

　私たちよりも国税のほうが情報収集も行動も迅速であることを痛感しました。金融機関はすべて国税に差し押さえられていたため、残るは売掛金の差押えしかありません。しかし、事務所から近い順に直接、売掛先の会社に出向いて確認すると、これまたすべて国税が差押済み。唯一、ある会社で、国税が売掛金60万円のうち20万円だけ差押済みとのことでした。「残りの40万円を差し押さえいたします」と告げ、ようやく差押えにたどり着いたのです。

　この売掛金の一部差押が唯一の実績でしたが、全体の滞納金額からすれば、10分の1程度にすぎず、決して胸を張れる成果ではありません。1週間、足を棒のようにして駆けずり回ってこの結果です。改めて、その原因を振り返ると、それはすべて最初の納税交渉の「それではしばらく様子を見ましょう」の一言に尽きます。二度と失敗しない覚悟を決めたのは、言うまでもありません。

▶▶ 約束には期限が原則

　「しばらく」という言葉の解釈は人それぞれです。滞納者の視点から考えると、「しばらく」の期間は猶予される期間と考えます。そして、1～2週間、1か月、3か月も「しばらく」と考えるでしょう。もっと拡大解釈をすれば、半年も1年も「しばらく」となる可能性すらあります。つまり、滞納者は曖昧な言葉を自らが有利なように解釈するのです。

　だからこそ、約束には期限は必須です。

　例えば、来所の約束のときには、「今月末までに収支の資料を持って事務所まで来てください」「来月の10日までに固定資産税1期分を納付してください」「今月の20日までに納税計画書を作成して郵送してください」という具合に必ず期限を設定するとともに、滞納事案の票の実績欄にはその期限設定となる日付を記載するようにしなければなりません。

第6章　納税交渉のポイント

149

5. 分割納付は「4つの条件」で

分割納付の4つの条件

滞納者に一括納付してもらえるケースは少数だと思っておいたほうがよいでしょう。なぜなら、一度に納めることができないから滞納になるのです。それゆえ、納税交渉は分割納付の条件設定がカギを握ります。

この滞納金額を分割納付するための条件について、①期限の設定、②滞納金額に見合った分割納付、③納付委託における「まるめ」処理、④新規滞納事案を発生させない約束の4項目を掲げて説明します。

期限の設定

期限の設定については、前項（第6章「4　明確な期限を設定する」）で説明したように、納税交渉の基本です。前項で説明した「しばらく」のように、曖昧な言葉を使って、自らの首を絞めることのないように留意してください。

その上で、年度が始まったばかりなのに1年先の分割納付をスタートとするようなことは認められません。納付までの時間がかかれば、それだけ本税に対する延滞金がかかるため、迅速かつ短期間のうちに納付してもらうことがベストです。

滞納金額に見合った分割納付

毎月の分割納付金額（分納金額）をいくらにするか交渉する際は、安易に滞納者の条件を認めるのはよくありません。それよりも徴収職員か

ら毎月の分納金額を提示するほうがよいでしょう。

適切な分納金額を算定するにあたっては、1つの考え方として徴収猶予や換価の猶予の制度を援用する方法があります。これらの制度は一定の条件の下に猶予するもので、納付金額を1～2年で納付します。つまり、分納金額は滞納金額を12～24か月で除算した金額とします。

例えば、100万円の滞納事案があるとして、最長の分割期間を2年（24か月）とすれば、平均1か月当たり4万1,666円なので、端数を切り上げで4万2,000円で納税交渉します。一般的な1年（12か月）の分納金額だと、金額は8万4,000円になります。もちろん、これは本税だけの単純計算です。このように、分納金額の交渉であれば、毎月の納付額を4万2,000円～8万4,000円の間での金額で設定することを目安とします。このほかに、ボーナス時期に加算した金額を納税計画に入れてもらうこともあります。

滞納者は生活が苦しいことを理由に、毎月5,000円だとか1万円という分納金額を申し出ます。単に「生活が苦しい」と言うだけで収支の資料も提出することもなく、これまでの生活の延長線で考えて分納金額の交渉をしようとします。つまり、ほとんどの滞納者は、生活を切り詰めることもなく、毎月の生活で余った分を納付する程度にしか考えていないのです。このため、分納の申出額は、徴収職員の提案金額とあまりにも大きな乖離があって議論は平行線をたどります。

しかし、仮に滞納者の言い分である毎月1万円の分割納付を認めた場合、完納までに一体何年必要になるのでしょうか。8年4か月かかることになり、担当者が何人異動で交替することになるでしょう。だから、適切な金額設定をしましょう。

▶▶ 納付委託における「まるめ」処理

現金で納付する代わりに、滞納者に先日付小切手か約束手形を振り出してもらうことを「納付委託」といいます。この納付委託は、最近あまり見かけることがなくなりました。地方へ研修で出かけた際にも参加者に訊いてみるものの、ほとんど耳にしません。全国の徴収職員に質問し

たら、納付委託の経験者・件数は何％ぐらいの数字になるでしょうか。

　納付委託は、自治体としては滞納者から担保を取った形になり、実行性があります。ただし、中には、不渡りになるということで納付委託した受託証券を取り戻す場合もあります。

　今後、景気の動向や経済社会の外部要因により納付委託が活用される場合を想定して、その取扱いの考え方を説明しておきましょう。

　納付委託は、基本的には、分割納付の場合と同様に、滞納金額を１～２年で完納できる分割納付の金額を先日付小切手か約束手形で処理します。先ほどの事案同様、滞納金額が100万円の場合に、どのようにすべきか考えてみましょう。仮に、「毎月６万円の約束手形を振り出す」と滞納者が申し出た場合、それは１～２年で完納できることになるため、この申し出を了解した上で、まず１年分の納付委託を振り出すことを要請します。

　１回目６万円、２回目６万円……と続き、11回目までを６万円とした上で、最後の12回目は６万円ではなく、34万円の約束手形を振り出してもらいます。その理由は、最終回に残額をまとめることで滞納金額全額を担保として受け取ることができるからです。34万円＝100万円－（６万円×11か月分）という計算です。

　これを滞納整理の現場では、最後に残額全部を納付委託させることで「まるめ」という表現をし、実務を行っています。仮に、最後の12回目の34万円分の納付委託が支払うことができなければ、滞納者は期日前に34万円の約束手形を取り戻しに来ます。これも業界用語で「ジャンプ」と呼びます。

　例えば、上司が「最後の月分はまるめて処理するように」と指示したのであれば、残額をすべて入れるようにすることであり、「今日、ジャンプがあった」という会話があったとしたら、それは取り戻しがあったということになります。

　もし、取り戻しを滞納者から要求された場合には、交換条件を提示することがおすすめです。上記の34万円分の取り戻しという連絡が入ったのであれば、別の振り出した約束手形34万円分を要求するのです。この場合であれば、約束手形７万円の４回分と６万円の１回分を差し出

してもらうことを条件に、34万円の納付委託の取り戻しに応じるものとします。この条件提示によって、納付の継続性を確保することができるわけです。

約束手形の取り戻しについては、「交換条件で処理する」という厳格な組織内ルールがあれば問題ないものの、何もルールがない場合、普通は1年分の約束手形6万円分を12枚受領するだけで終わってしまいます。これでは、滞納額の全額を担保として確保していないことになります。また、1年分納付委託が終了（72万円＝6万円×12月）した段階で、再度納税交渉で納付委託の交渉をすることになります。ここでも交渉次第では1～2か月経過することになり、納税の継続性という観点では途切れることになるのです。

▶▶ 新規滞納発生させない約束

最後に、滞納者に分割納付を認める際は、新規滞納を発生させないことを約束させることが大事です。すでに述べたとおり、滞納者が分割納付の約束を守り、滞納金額が徐々に減っていくのは喜ばしいことです。

しかし、ここで新規滞納を発生させて滞納金額が増えることになると、いつ完納になるのかわかりません。徴収職員としては、せっかく順調に進展しているのに、心配の種が芽生えることになるでしょう。「いつ、この滞納事案は納期内納税に移行するのだろうか」と暗い気持ちになります。

分割納付を実施する上で一番難しいのは、この「新規滞納を発生させない」という約束を滞納者に守らせることです。これを継続できれば、多少時間がかかっても明るい未来が見えてきます。暗いトンネルを長く進んでいると、出口の明かりが見えるだけで救われる思いがするように、滞納整理も先が見えるようにする工夫が徴収職員に問われます。滞納処分だけで滞納整理を進めるのではなく、いずれ納期内納税者にするためにも温かく滞納者をリードすることも私たちの仕事なのです。

第6章　納税交渉のポイント

153

第 **7** 章

財産調査のポイント

1 ◆ 財産調査の
基本的な進め方

▶▶ 財産調査が必要な滞納事案

　滞納事案の進展を図る上では、滞納者の財産調査を進めなければなりません。もちろん、すべての滞納事案を調査する必要はなく、滞納事案を絞り込んだ後、今まで接触がとれていない事案や約束不履行を繰り返す事案について調査を行います。

　一方、滞納の発生とともに財産調査を開始し、財産が発見されたら即時に差押処分するという考え方もあります。しかし、効率的に滞納整理を処理するためには、手順を踏んだ先に残った滞納事案だけ財産調査に入ることが求められ、それが無駄のない業務運営につながると私は考えています。

　文書催告、電話催告、臨戸を実施しても滞納者からまったく連絡もなく、なしのつぶて、という事案も意外と多いものです。これは公正・公平な観点からこのまま放置しておくわけにはいきません。また、納付約束はするものの、不履行を繰り返す滞納事案には、滞納処分に移行するために財産調査で財産を発見する必要があります。これらは徴収職員に与えられている財産調査権に基づいて調査するもので、徴収職員の興味本位に基づいて調査するわけではありません。

　つまり、納税交渉で行き詰まってこれ以上進展が見込めない滞納事案や、そもそも滞納者の実態が把握できない事案があったときに、財産調査を進めます。また、緊急的対応が必要な場合には、短期間で多数の人員を投入して一斉に財産調査することもあります。

▶▶ 組織内調査を優先する

　効率的な滞納整理を行うためにも、まずは自治体内部で簡易に調査できる組織内調査（庁内調査）を優先して行います。広域的自治体（都道府県）であれば、法人の申告データや個人事業税・自動車税等の税目に着目した基本的なデータを調査します。また基礎的自治体（市町村）であれば、給与支払報告書や固定資産税課税台帳（名寄帳）など、個人住民税や固定資産税のデータがあります。これらはわざわざ郵送で照会しなくても、庁内の関係部署へ自ら出かけていけば集めることができます。

　これらのデータに連絡先や勤務先が掲載されていれば、連絡のとれない滞納者に電話催告をするだけで3割程度は接触を図ることができます。また、自宅への文書催告で今まで連絡がなければ、会社へ給与照会の文書を出す旨を伝えるのも効果があります。

　新規の滞納事案であれば、組織内調査や簡易な調査で判明した財産を差押処分することで、相当数の滞納者から連絡が入ります。特に、徴収職員1人で1,000件も滞納事案を受命している場合などは、1件の滞納事案について、完璧な財産調査をしようとすれば、その分残りの999件の事案にしわ寄せがきます。

　新規滞納事案で滞納者が車を所有していれば、自動車の登録差押処分を実施する、固定資産を所有していれば、その不動産を差押処分する、さらに勤務先が判明していれば給与差押処分を実施する。まずは給与照会を行って差押処分へのプレッシャーをかけることで滞納者の反応を見ることが重要です。

　ある自治体の徴収職員から、財産調査ばかり進めて、結局何も滞納処分もしないまま放置する滞納事案を「調査貧乏」と呼んでいると聞いたことがあります。財産調査をたくさんすればよいのではなく、大切なことは次のステップに進むこと。調査後に何もしないで放置するのでは、「調査貧乏」といわざるを得ません。

　仮に調査した時点では財産があっても半年、1年が経過してしまうと、本当に今その財産が存在するかどうか、改めて再度調査しなければなりません。こうした無駄を生じさせないためにも、財産を発見した段階で

第7章　財産調査のポイント

157

滞納処分に移行することを忘れないでください。

▶▶ 金融機関等への調査

　組織内調査をしても財産が判明しなければ、次の段階として金融機関への預金照会を行います。

　これまでの交渉記録等で、金融機関に口座があることが判明していれば、国税徴収法141条に基づく財産調査権を行使することができます。

　一方、金融機関に口座があるかどうか判明していない（債権債務関係にあるか確定できない）段階で調査を行う場合、応答するかどうかはあくまで相手の任意です。それゆえ、この任意の財産調査（預金照会）を行うのは、最低限にすべきです。

　以前、生命保険会社の本社から生命保険契約照会について苦情の電話を受けたことがあります。私が本庁の課長時代に、都税事務所の職員が一度に1,000件も照会を出したため、「本来業務ができなくて困っている。今後は半年間、照会文書を受け付けない」と言われてしまったのです。

　金融機関は自治体からの照会対応がメイン業務ではなく、そのための人員が確保されているわけでもありません。金融機関の負担も考えると「数打てば当たる」方式は考えものです（預金照会の詳細は次項参照）。

　なお、金融機関に口座があることが判明し、緊急度が高い滞納事案であれば、「預金調査」として直接銀行の窓口へ出かける方法もあります。

　預金調査を行う場合は、月末の5日、10日は民間の決済等で忙しい日であることも考慮しましょう。預金調査は、何を調査するのか、きちんと目標を定めて実施することが大切です。また、時間の無駄がないように調査手順も決めておくとよいでしょう。

▶▶ 税務署等調査

　組織内調査、金融機関等への調査を行っても財産が判明しない場合には、税務関係機関と調整し、調査に出かけることもあります。地方税法20条の11では、「官公署等への協力要請」について規定されています。

国税を管轄する税務署や県税事務所と市区町村とが連携し情報交換をすることで、滞納者の概要をつかめることもあります。

このように、外部の税務関係機関に出かけるときは、自分の滞納事案だけでなく班や係、課の滞納事案も一緒に調査するくらいの度量の広さがあることが大切です。これは、若い徴収職員の皆さんが、組織に貢献するために自分が何をすべきかを考える上でも重要です。調査日程が事前にわかっていれば、あらかじめ組織内で周知しておき、滞納事案を集約することも可能です。周りに対する気遣いをすることで、円滑な業務運営に貢献することができるでしょう。

また、相手方の税務関係機関に対しては、ギブ・アンド・テイクの関係を構築することが大切です。一方的な情報の収集では、そのうち相手からの情報提供はなくなってしまうと考えたほうがよいでしょう。税務関係機関と情報交換したいのであれば、日頃の日常業務から交流し、相手からの調査依頼にも連携することで円滑な財産調査ができるのです。

▶▶ 最初から財産調査は上手く行かない

初めて滞納整理の仕事を行う人にとって、財産調査はなかなか難しいものです。それぞれの滞納事案において最適な財産調査を見極めることは難しく、また、最短時間で発見することも難しいからです。

最初のうちは、本項で先に解説した組織内調査、金融機関等調査、税務署等調査を進める中で、財産が判明した段階で差押処分に着手すればよいでしょう。それでも進展がなければ、さらに範囲を広げたり、深く掘り下げたりして財産調査を進めます。

たくさんの滞納事案の財産調査を進め、経験を重ねると、滞納者の職業や滞納税目等から、何を調査すれば財産を発見できるか見えてくるようになります。財産調査をしても発見できない滞納事案、いわゆる調査失敗事案を経験することで、徐々に効果のある財産調査ができるようになります。そのためにも、失敗を恐れることなく徴収職員としての経験知を高めるためと思って、調査したことのないものにも挑戦していきましょう。ただし、発見できなくても放置してはなりません。

2. 預金照会では 取引内容に着目する

預金残高は気にしない

　滞納者の財産調査の１つである預金照会は、時間的な余裕があれば郵送による調査を行います。一方、前項で述べたように、緊急を要する場合には、金融機関に直接徴収職員が出向いて預金調査をすることで滞納者の預金口座の流れを把握します。

　ここで大切なことは、調査した時点の預金残高にあまりこだわる必要はないということです。たくさんの預金残高があるからといって、税に充当できたかのような気持ちでぬか喜びしてはいけません。逆に、預金残高が少ないからといってがっかりすることもありません。

　これらは、ある時間軸の中でたまたま調査した段階の預金がいくらあるかの回答にすぎず、その多寡に一喜一憂する必要はないということです。中には、預金残高が常時 100 万円単位の場合もあれば、反対にマイナス残高になっているも場合もあります。常時口座に 100 万円単位でお金がある滞納者であれば、差押処分のタイミングを見て滞納処分すればよいのです。ただし、このような滞納事案は 10 件に１件あるかどうか。ほとんどの滞納事案では、預金残高は数万円程度です。

取引履歴照会の活用（収入欄）

　預金照会では、滞納者の預金口座の預金残高と同時に、顧客取引履歴書を照会することが重要です。これは、指定された口座の入金と出金が１件ごとに日付で記載されたもので、送金先の記載も明記されます。入金であれば、預金の差押処分以外の債権を見つけることができます。

例えば、毎月決まった日付で入金があれば、給与とか売掛金と想定できます。給与であれば、送金した会社を特定して、給与の差押処分を行います。もちろん、事前に給与照会等をした上で、差押禁止財産を控除した金額を取り立てることができることを確認しておきます。差押処分する給与があれば、継続債権として差押処分します。

　この継続債権は、滞納金額に充つるまで毎月取り立てることができるので、1回の差押処分で滞納がなくなるまで継続でき、効率のよい滞納処分といえます。

　市町村の場合には、個人住民税の賦課徴収が基礎的自治体にあるため、滞納者の会社から給与支払報告書が送付されているので、預金照会することなく給与の差押処分ができます。これは、広域的自治体にとっては喉から手が出るほど知りたい情報です。それゆえ、市町村の自治体はもっと積極的に給与の差押処分をすべきでしょう。単に預金口座を差押処分するよりも、給与の差押処分の方が確実に滞納処分できるからです。

　売掛金の場合であれば、滞納者が持っている工事請負金等を特定することで、直接、第三債務者に対して差押処分を行い、滞納金額に充当します。預金照会でなくても、法人であれば決算の申告書等で売掛金を確認できます。また、個人の事業であれば、確定申告書等で確認することも可能です。これらの場合には、決算関係書類から第三債務者を特定し、売掛金照会で実際に債権が存在しているかどうか確認する必要があります。さらに、金融機関で預金照会や預金調査で振込元を特定して、債権が存在するかどうか確認しておかなければなりません。

　なお、顧客取引履歴書には振込元は簡略に記載されているので、正式名称や住所を完全に特定することができないことも想定されます。その場合には、顧客取引履歴書をコピーしてマーカーなどを引いて金融機関に再度照会すれば、教えてくれることもあります。これまでは、国税徴収法第141条の財産調査権に基づくものであり、任意の調査とは明らかに異なるとしていましたが現在は見解が分かれて財産調査権の対象外とする考えも出ています。

　その他に、特定の個人名が顧客取引履歴書に定期的に記載されていれば、その債権を確認します。例えば、家賃とか駐車場賃料と想定するこ

ともできるでしょう。また、半年や年に1回の振込みであれば、株の配当金の可能性もあります。配当金の場合には、配当元を検討することが必要です。つまり、株券の差押処分まで想いを巡らすことができれば、徴収職員としてはレベルが一段アップしていると見ることができます。この場合には、株券を取り扱っている証券会社等を特定することで、滞納処分することができます。

▶▶ 支出欄に着目する

　意外と見逃しがちなのが、支出欄です。

　目的が債権の差押えのため、どうしても預金残高や入金欄に目が行き、支出している内容に想いが行き渡らないのです。しかし、支出する項目によっては債権の差押えができるものがたくさんあります。

　例えば、よく見かけるのが生命保険の掛金です。毎月決まった日に一定額の支出をしているとすれば、生命保険の解約返戻金を想定することができます。この場合も生命保険会社に照会文書を出した上で、解約返戻金等があれば差押処分を行います。

　また、年会費等の支払いもあります。具体的には、ゴルフ会員権に伴う年会費の支払いです。バブル景気の頃は、預託金が投機対象となっていたため、その預託金を差押処分して滞納金額に充当していました。最近は、当時のような多額の預託金は少ないようですが、ゴルフ場経営会社によっては存在します。

　年会費の類でいえば、貸金庫使用料もあります。大切な書類等を自宅に保管するのではなく、銀行に預かってもらうための使用料です。稀に預金照会の回答にも「貸金庫有り」と記載されている場合があります。そういうときには、直接金融機関に出かけて行き、捜索に伴う貸金庫の開扉を要請しましょう。

　私が聴いた、1つの預金照会をきっかけに、滞納事案が進展して完結に至った事例を紹介します。

　大口の個人の滞納事案（億単位の滞納）について、さまざまな調査を行ったものの、まったく該当せず、財産調査が行き詰まり不良債権化す

るところまできていました。そこで、改めてまだ預金照会していない地元の小さな銀行に調査をかけたところ、3万円強の預金残高がありました。差押処分することも躊躇する金額でしたが、同封されていた顧客取引残高照会を確認したところ、毎月月末に電気料金が5件引き落とされていることが判明しました。

電気料金が引き落とされているということは、滞納者本人が不動産を所有していることが推察されます。そこで、預金照会の金融機関担当者に電話を入れ、不動産を特定したい旨、依頼しました。

3日後、連絡を受けると、1番目から4番目は把握していたものの、最後の5番目の不動産についてはこれまで一度も聞いたこともない情報でした。

初めての情報に胸を膨らませ、所在地の地方法務局まで出かけて行き、不動産登記の情報を申請し、登記簿謄本を開くと、滞納者本人の不動産であることを発見したのです。それから紆余曲折はあったものの、年度末にその不動産を公売することで、売却金を税の滞納額全額に充当し、関係自治体に交付要求を要請。それでも残余金が発生したので、執行裁判所に交付する運びとなりました。本来であれば、残余金が発生すれば本人に返すところが、滞納者が債務者から裁判で訴えられていたこともあり、供託になったそうです。

とても複雑な滞納事案でしたが、預金照会がいかに重要かを改めて考えさせられた事例です。

▶▶ 生活の流れをイメージする

「財産調査をするのであれば、滞納者本人になったつもりで生活の流れをイメージしろ。生活にはすべてお金が必要だ。生活の流れとはお金の流れなのだ」。これは、私が最初に滞納整理の仕事に就いたときの師匠が教えてくれた言葉です。私はそれから、預金残高にこだわることなく、生活の流れをイメージして財産調査することを最優先にしました。

目先のことにこだわることなく、個別の滞納事案全体を俯瞰的に眺める大切さが詰まった教えです。

3. 臨戸から捜索に切り替える

未接触滞納事案への活路

　滞納者と納税交渉することができず、また財産調査しても表見財産を発見できない滞納事案は意外と多いものです。

　文書催告、電話催告に対して連絡してくれる滞納者であれば、接触がとれていることから、徴収職員は心理的には前向きに進めることができます。問題は、まったく連絡のない滞納事案や表見財産を発見できない滞納事案の解決に向けて、どのように対応するかです。

　接触がとれる滞納事案や財産が発見できた滞納事案は、いわば既存のレールに乗っている事案であり、これまでの個人・組織の経験に基づいた処理を図れば解決に向けて進めることができます。しかし、徴収職員に求められるのは、既存のレールに乗っていない滞納事案をいかにレールに乗せることができるかです。できることから、一歩ずつ、着実に進展を図る必要があります。

滞納者がたまたま在宅していた場合

　財産調査をしても、明らかに財産を本人以外のものに偽装したり、別名義で口座を持っていたりする場合には、一般的な預金照会等では発見できません。このときは、1つの方法として、最初から捜索を視野に打開策を図ることも必要です。ただし、捜索をする場合でも、事前に滞納者本人が居住等していることを確認しなければなりません。その上で、捜索のため、滞納者の自宅等に臨戸した際に、たまたま本人が在宅していて交渉することができる場合について考えてみましょう。

仕事や家族構成、収入のことなど、いろいろ質問をしても、滞納者におそらく、のらりくらりとした答えではぐらかされ、知りたいことはほとんど聞き出せないことが想定されます。しかし、周りを見渡すと、玄関の脇にはゴルフバックが置いてあり、室内もそれなりの家具類が揃えてあり、さらには庭も手入れがされていて、どう考えてもお金がないとは思えない。しかし、表見財産はまったく発見できないし、こちらの質問にも答えない。

ここで、伝家の宝刀を使います。

徴収職員は、滞納者に対して「質問にも答えてもらえない。滞納税金の納付約束もない。わかりました。納税交渉を中止し、国税徴収法142条に基づき、ただ今より捜索を開始します。貴方（滞納者）に立会人をお願いします」と宣言し、捜索を開始します。

ただし、開始前に必要なことがあります。淡々と捜索を開始するだけでなく、職場にすぐに連絡し、現状の説明と捜索の応援・待機が必要なのかどうかを伝えます。応援を要請する場合は、場所・人数等も伝える必要があります。こうした場合も想定して、徴収職員は臨戸に出かける際には必ず「○○地区の△△宅を中心に臨戸に出かけます」と係や班の人達に伝えることも忘れてはいけません。

また、金庫が発見されたものの、滞納者が開扉を拒むようであれば、鍵業者の手配も依頼しなければなりません。いずれにしても、臨戸の職員だけで捜索を完了するのは限界があるので、常時職場と連絡を密にすることが大切です。

かつて、暴力団とおぼしき滞納者の自宅を捜索に入ったとき、徴収職員が現地から携帯電話で「本部、本部、応答願います。こちら捜索現場の○○です」と大きな声で連絡を始めたところ、最初怒鳴っていた滞納者が急に大人しくなったといいます。滞納者は、本部にまだまだたくさんの職員がいて、駆けつけてこられる可能性がわかったので観念して納税交渉に応じたそうです。このように、本部と連絡をとること自体、滞納者にはプレッシャーとなるだけでなく、現場にいる職員の後ろには何十人もの徴収職員が待機していると思わせることで、滞納者自ら財産を明らかにしてくれて、早期捜索終了という事案もありました。こうした

演技力を駆使することもまた、滞納整理のテクニックの1つです。

▶▶ 財産調査の最終局面としての捜索へ

　捜索を行う際は、滞納者の財産を把握しやすい場所から優先順位をつけます。収支の帳簿関係資料が発見できれば、その中で金融機関の口座を特定した上で、本部に連絡して直ちに判明した金融機関の預金口座の差押処分を要請する必要があります。本部では、待機している徴収職員を金融機関に向かわせる連携プレーも指示でき、組織で仕事をすることにつながります。

　女性の部屋等を捜索する際は、女性の徴収職員に対応させなければなりません。男性の徴収職員が女性の部屋を捜索すること自体、人権問題視されます。そのため、捜索等実施の場合に備えて、捜索のメンバーには必ず女性徴収職員も入れましょう。また、事前に配置できずに捜索に入ったときに女性徴収職員がいないのであれば、応援を要請するときに女性を入れてほしい旨を伝えてください。このような対処からもわかるように、滞納整理の現場を預かる管理監督者・管理職は、職員全体の中に一定人数の女性職員を常に維持することを心がける必要があります。

　捜索時に、滞納者を立会人として捜索を開始する場合でも、狭い部屋が一部屋とか二部屋であれば、捜索する職員を指揮する責任者（仮に「班長」とします）は、部屋全体を把握できる位置で指揮をとる必要があります。もし、広い家屋で捜索する職員の動きを把握することが難しい場合は、班長が指揮を執る場所を決めることも必要です。さらに、捜索開始段階の状況を写真等で記録するなど、滞納者から後から疑義の出ないように配慮することが求められます。

　若く、経験の少ない徴収職員を捜索現場に投入するのであれば、事前に捜索会議等で役割分担等を決めておくことも大切です。ぶっつけ本番で捜索を開始すると、無駄が増え、焦りが生じます。また、何時間も休みなく捜索を継続すると、捜索漏れや間違いが出やすくなります。そうならないためにも、管理職は現場の班長に交替で休憩を取るように指示することも忘れてはなりません。誰かが必ず、冷静に全体を把握するこ

166

とが大切です。

▶▶ 捜索をするにも手順を踏んで

　いきなり暴力団員等の自宅や事務所を捜索するとなると、徴収職員は相当緊張してしまい、自分の役割分担や手順も忘れてしまいかねません。

　そこで、捜索のトレーニングを積んでおくことも大切です。かつて共に仕事をした優秀なライン係長は、捜索の経験を積ませるために、部下にまず、執行停止予定の滞納事案のうち、大口滞納事案を選択して捜索を何回か経験させた上で、その後に実際に捜索が必要な事案を経験させていました。このように、さまざまな場面を想定して準備した上で現場を体験させて、徴収職員を育てることが大事です。

　捜索は、かつては滞納整理において、まさに「伝家の宝刀」でしたが、現在は滞納者の最終的な財産調査の一環として積極的に実施しています。

　ただし、滞納者も社会の一員であり、生活もあるため、あまりにも安易に捜索の実施を乱発することは避けたほうがよいでしょう。もちろん、捜索をしなくてよいというわけではありません。必要な滞納事案に対して毅然と対応するためにも捜索は外せないものです。それぞれの滞納事案に対し、バランス感覚を持ってどう処理するか判断することが求められます。

第 **8** 章

差押えのポイント

1 ◆ 差押えの 基本的な進め方

▶▶ 滞納事案の見通し

　徴収職員は、滞納者の財産を調査し、発見したものを差押処分します。催告や納税交渉を繰り返しても進展のない滞納事案は、次のステップとして滞納処分に移行しなければなりません。しかし、この段階で滞納者の全財産を完璧に把握することは現実的には難しいもの。そのため、滞納事案の優先順位により、差押処分の内容も異なります。

　つまり、極端にいえば、数万円の滞納事案で不動産の差押処分をするのは適切とはいえません。もっと滞納事案に見合った財産を発見することで、徴収職員にとっても早期に処理が終了します。

　どの事案の何を調査し、何を滞納処分とするのか、開始前にある程度見通しをつけて処分を進める必要があるのです。

▶▶ 滞納処分をするための心構え

　催告等で積極的に滞納者と納税交渉を図ることは、とても大切です。一部には、「地方税法に催告等は明記されていないので、手間の掛かることは必要がない」という考えもあるようですが、徴収職員が滞納者と何ら接触することもなく滞納処分に移行し、取り立てればよいという考えは安直すぎるといわざるをえません。

　そうではなく、滞納者と交渉し、納税計画を見守りつつ、約束不履行になった段階で、躊躇することなく差押処分を行います。

　これまで、私もたくさんの滞納事案を見てきました。その中には、滞納者と納税交渉の末にようやく約束を取りつけて滞納整理を進めよう

したものの、約束不履行になってしまうケースが少なくありません。

　その後も、滞納者が再度、「約束を守る」と言うので、様子を見守ることにするも、あえなくまたしても約束不履行。これでは、滞納処分に移行するしかありません。何度も約束不履行を繰り返す滞納者に対しては「鬼手仏心（きしゅぶっしん）（仏の心を持っているからこそ鬼の手が使える、との意）」といった言葉のとおり、徴税職員としての権限に基づき処分せざるを得なくなります。

　徴収職員に求められることは、一人ひとり滞納者の状況を見極めることです。その上で、徴収職員は、滞納処分への移行にあたって、自分なりのルールを作っておくことがおすすめです。なぜなら、自分の中に基準を設けておくことで、それに立ち返り、納得のいく滞納処分をすることができるからです。

　例えば、「約束不履行が２回あったら滞納処分する」という自分ルールを作ったとしましょう。相当辛抱しなければなりませんが、それだけ自主納付を待っていたにもかかわらず、さらに２回目の不履行ということであれば、徴収職員は自分自身が納得した上で滞納処分に踏み切ることができます。また、それまで相手の言い分を受け入れ、譲歩してきたにもかかわらず不履行なのは明らかなので、滞納処分になっても、滞納者もある程度納得せざるをえません。

　また、分割納付の約束を進めていたものの、財産調査を行った結果、分割納付をする必要もないくらいの預金や株券を持っていることなどが判明した場合も差押処分を行います。なぜなら、滞納者が納税交渉の説明自体を偽っていたことが客観的に判断できたのであれば、躊躇することなく滞納処分に進むべきだからです。私は納税交渉時、「説明された以外の財産が発見された場合は、差押処分に移行します」と必ず伝えていました。この一言があるだけで、トラブルになることもなく差押処分を進めることができるのです。

▶▶ 滞納処分の執行

　滞納者の財産が判明していれば、約束不履行を確認した上で滞納処分

を執行します。例えば、徴収職員が金融機関に出向き、普通預金口座を差し押さえたとします。その普通預金は差押処分とともに、別段預金（他の科目処理が不適当なため一時的に設けられる科目）に動かされて、滞納者本人は払い出しをすることができなくなります。

　滞納者にとって初めての預金差押であれば、差押処分と同時に取り立てずに、1週間程度時間を置き、様子を見てもよいでしょう。それでも反応がなければ、取り立てて税に充当することになります。

　取立てまでの1週間程度に滞納者から連絡が入り、納税の申出ということになればベストです。その際は、納付の確認が取れたところで、金融機関に預金差押の解除通知を出すとともに、金融機関の担当者に対して本人が自主納付した旨を伝えます。

　この段階で滞納がなくなれば、徴収職員にとっても喜ばしいものの、これで滞納金額を全額充当することにはならない場合もあります。そのときは、次の滞納処分に移行するための財産調査を開始しなければなりません。最初に預金の差押処分した滞納者に対して、次は給与の差押処分になると説明を行うなど、2回目以降は滞納者に与えるインパクトを強めたほうがよいでしょう。いつも同じ滞納処分では、滞納者も「また同じ処分だからそのままでいいや」ということになりかねません。

　また、債権の差押処分だけでなく、不動産の差押処分といった複数の差押処分を執行することも方策の1つです。特に不動産であれば、担保権者である金融機関はそれを不良債権化させたくないため、滞納者にコンタクトをとることも十分考えられます。さらに、固定資産税や個人住民税の場合は、年度途中の差押処分であれば、繰上げ徴収により参加差押（交付要求の一形態で、先行している執行機関に対して差押えしている不動産等に参加して租税債権額を要求すること）を追加で執行するなど、短期間に滞納処分を行うことで自治体の本気度を見せることも、ときには必要です。

2. 差押えの速効性と遅効性

▶▶ 差押処分による時間的反応

　滞納事案で徴収職員が差押処分した場合、その差押処分の内容によって、滞納者からの反応（リアクション）が返ってくるまでの時間は異なります。具体的にいえば、債権の差押処分の部類は、比較的リアクションまでの時間が短い場合が多く、不動産の差押処分は、一般的には長期間になるケースが多くなっています。

　ここでは、リアクションまでの時間が短い差押処分を「速効性のある滞納処分」と呼び、一方、リアクションまでの時間が長期間にわたる滞納処分を「遅効性のある滞納処分」と呼んで解説したいと思います。

　「速効性のある滞納処分」と「遅効性のある滞納処分」を分類し、年間計画に落とし込むことで、滞納整理の効率は上がります。つまり、短期間で実績を挙げることが求められているときは、「速効性のある滞納処分」を行います。例えば、年度末の３月の段階で、予算額達成までに具体的にいくら不足しているとわかった場合や、出納閉鎖までの１か月以内に実績の金額をいくらまで上げないといけない場合などです。

　一方、「遅効性のある滞納処分」はなかなか滞納事案が進展しないことが予想されるので、年度の早い段階で滞納処分に踏み込む必要があります。例えば、不動産の差押処分などは、滞納処分をしてもすぐに進展することはほとんどありません。ある程度時間を要することを考えると、長期的視点に立った事案管理が求められるからです。

▶▶ 速効性のある滞納処分

　かつて、平成7、8年頃は、現在ほど預金の差押処分が行われていなかったこともあり、預金差押をした段階ですぐに滞納者からリアクションがありました。金融監督庁（当時）による「不良債権を発生させない」という方針によるものだと思われますが、金融機関、特に地域に密着した銀行・信用金庫・信用組合等は、滞納者へすぐに預金差押になった旨の連絡を入れていたようです。

　実際に、私が受命した滞納事案で、隣接県の滞納者の預金差押の処分を行ったところ、その場で勝手に銀行員が滞納者に電話を入れ、私が話をすることになったこともあります。銀行としてはお得意様であっても、徴収職員にとっては、1人の滞納者にすぎないため、本来連絡は必要ありません。この他にも、預金照会や預金調査でも、金融機関が滞納者に連絡していた事例がありました。

　次に、給与差押の場合は、滞納者の反応がいくつか分かれます。以前は、会社に対する申し訳なさもあり、前向きに納付することを申し出る滞納者が多くいました。また、会社の社長が滞納者に代わって全額納付する例もありました。社長がいわば親代わりということで肩代わりして納付した上で、本人の給与から天引きするかたちです。社長が第三者納付で納める方法は、徴収職員にとってはありがたいものの、最近はこのようなケースはほとんど見受けられなくなりました。

　最近は、差押処分が入ってもまったく連絡のない滞納事案が多くなっています。

　私の経験上、最もリアクションが早いのが、売掛金の差押処分です。差押処分を入れた段階で、滞納者から「売掛金を差押えされたらその会社から出入りを禁止されてしまう。会社を潰す気か！」と怒鳴り込みの電話が入りました。それをわかって差押処分したのですから、怒鳴られても想定内のことです。滞納処分までの経緯を考えると、売掛金の差押えも積極的に活用すべきでしょう。

　中には、「すぐに滞納金額を納付するので、相手先の会社に担当のお前から文書を出してほしい」と言われ、私の名前で「差押処分をしまし

たが、本人が自主的に滞納金額を納付いたしました」という文書を出したこともあります。この滞納者はその後、滞納を発生させることはありませんでした。

当座預金の差押処分も、リアクションが早い滞納処分の1つです。ただし、当座預金は約束手形を振り出している関係もあるので、差押処分の日付には要注意です。約束手形が引き落とせないと、不渡手形となり取引停止になってしまいます。差押処分をするのであれば、事前に金融機関から履歴照会を取り寄せるなど、過去の取引履歴内容を確認した上で引き落としに影響のないタイミングで差押処分をします。「自治体の差押処分によって不渡りになった」と言われないためにも配慮は欠かせません。

▶▶ 遅効性のある滞納処分

遅効性のある滞納処分の代表例が、不動産の差押えです。

私の経験では、不動産の差押えで、処分して1～2週間で滞納金額を全額納付して解除になる滞納事案は数パーセントにすぎないと推測されます。滞納者が滞納処分されて自主的に納付するまでの期間は1～3か月程度といったところでしょうか。この自主納付も数は決して多くありません。

不動産は、差し押さえられたからといって、すぐに公売に進むわけではなく、現状の生活は維持できることもあって、反応が少ないのでしょう。また、債権の差押処分と違って、法務局に差押処分の登記嘱託をするための手続きも必要で、日数を要することが反応が少ない要因と考えられます。

不動産の差押えで、滞納者が「何とかしなければならない」と動き出すきっかけの1つが、金融機関からの働きかけです。なぜなら、金融機関は滞納者の不動産に抵当権等を設定して融資をしているのが一般的なため（いわゆる住宅ローン）、差押えとなると一大事です。不動産の差押えでは、抵当権者にも差押通知が送付されるため、金融機関も滞納処分の執行を知ることとなります。もちろん、金融機関としては、住宅ロー

ンの一括返済が約定に明記されていることもあり、公的機関の差押処分等が入ることで、不動産を不良債権化には進めたくありません。金融機関の本音としては、滞納者は一括返済ができないから住宅ローン返済を選択しているわけで、一刻も早く差押処分を解除してほしいと思っているのです。

このため、金融機関は滞納者に滞納処分解除に向けたアドバイス等を行います。ただし、これは金融機関から見た、顧客（＝滞納者）への評価の高さに依るものなので、まったく返済の見込みのない顧客にはアドバイス等はないと考えたほうがよいでしょう。このような返済見込みのない顧客は、近い将来、不動産競売事件（民事事件による損害賠償事件）へと進展します。滞納者が個人・法人として「優良顧客」と位置付けられていれば、金融機関は新たな融資を検討するなど、滞納者に働きかけるのが一般的です。また、返済のローン金額が多すぎて生活破綻している滞納者には、金利の減免等の調整もしているようです。

不動産差押処分において動きが見えてくるきっかけの1つは、相続関係の進展です。

滞納者が高齢で納付できなくなり、差押処分となった後、滞納者本人が死亡し、そのまま何年間も動きがなかったにもかかわらず、急に滞納事案が動き出すケースです。相続人同士でようやく話がまとまり、被相続人（滞納者）の不動産を売却するため、自治体に連絡してくるケースが多いようです。相続に伴う金銭的な利害が決着して、初めて納税の話になるわけです。そのため、相続人間で争いが発生すると、何年間もそのまま動かない滞納事案も多くなっています。

相続人調査をした上で、誰も相続人がいなければ相続人不存在として裁判所に申し立てを行って滞納整理を進める方法もあります。その場合には、相続財産管理人を選任することが必要であり、予納金を準備しなければならないなど予算的な措置も必要になります。

▶▶ まったく反応のない滞納事案

滞納処分をしても、まったく反応のない滞納者もいます。しかし、そ

のまま放置することはできません。徴収職員として、いつまでも滞納者のアクションを期待して待ち続けるのではなく、一定期間経過した段階で、次の一手が必要になります。

それは、次に進む前に、既存の滞納処分を進めることです。債権であれば、取立てという段階に進んでから新たな動きが起こることも考えられます。また、不動産であれば公売に移行する段階で、相手が公売中止に向けて動き出すこともあるでしょう。これらの取立てや公売で滞納金額が充当されれば終了となります。

現実的には、1回の差押処分で終了する場合もありますが、そうでない滞納事案も多くあります。現状で考えられるのは、2つの方策です。

1つ目は、滞納処分として、さらに換価価値のある債権や不動産の差押えをすることです。徴収職員の視野をさらに広くすることで、従来検討されてこなかった項目を調査するなど調査の徹底を図ります。とはいえ、すべての滞納事案について調査を徹底するのは時間と資源のロスになるため、優先順位を付けた上で、次の一手に取り組みましょう。

2つ目は、財産調査の延長線である、国税徴収法142条に基づく捜索の活用です。捜索には、裁判所の捜索令状は必要なく、徴収職員の身分証明書の呈示で捜索することができます。もちろん、これは財産調査をするための強制的な権限であり、身体的な拘束力はなく、あくまでも滞納金額に充当するための財産を発見するためのものです。徴収職員にとっても負担は大きいものの、反応のない滞納者には最終手段としての捜索もやむを得ないでしょう。

滞納事案や滞納者によって、どのように速効性・遅効性のある差押処分を進めたらよいのかは個別事案ごとに異なります。一律に滞納処分すればよいというものでもなく、徴収職員が1件ごとに財産調査の見極めをした中で判断すべきものです。

177

3. 差押処分を見極める勘どころ

▶▶ 差押処分を見極めた先には

　すでに述べたとおり、差押処分は、前提条件として督促状が発付されていれば可能です。しかし、だからといって、何でも差押処分すべきではありませんし、徴収職員にそのような余裕もありません。それゆえ、どのようなタイミングで滞納者の財産を差押処分したらよいのか迷ってしまうことが多いでしょう。そこで、差押処分をすべきかどうか見極める勘どころについて説明しましょう。

　見極めるためには、滞納整理という仕事と滞納者の置かれた状況を把握する必要があります。徴収職員が一方的に差押処分し、さらに取り立てをして、滞納はなくなったと自己満足するだけでは、一次的な滞納解消にすぎません。そうではなく、滞納者自身が反省し、滞納をもう発生させないと思わなければ、いつまで経っても滞納の種は尽きません。個別滞納事案を処理した先には、新規の滞納が発生しない工夫が求められています。

▶▶ 約束不履行のタイミングで滞納処分

　督促状が届いているにもかかわらず、納付がない滞納者には、文書催告、電話催告等で自主的な納付を呼びかけます。

　多くの場合、徴収職員との納税交渉等で納付約束が成立し、約束の時期まで待つことになります。この約束が不履行になったときに、タイミングを逃さず差押処分することが必要です。

　この約束は、単に徴収職員と交わしたものではなく、徴収職員を通し

て自治体と交わしたものといえます。だからこそ、その約束を破ったのであれば、差押処分を執行するのは当然です。

　少し悪賢い滞納者が、滞納金額に見合う分割納付金額ではなく、極端に少ない分割納付金額を申し出る場合もあります。例えば、100万円の滞納金額に対して毎月8万円の分割納付（8万円×12月＝96万円となり、約1年で納付できる）なら、徴収職員も先が見えることで納得できます。しかし、生活が苦しい、事業の経営が厳しいといって、毎月1万円の分割納付にしたとしましょう。この滞納者の納付能力は1万円ではなく、5万円だったとしたら、残りの4万円は納税につながらない別のことに使ってしまうのです。このような分割納付が妥当なのかを判断し、妥当でないとしたら、その時点で差押処分を執行することが適切です。仮に滞納者が怒鳴ってきたとしても、毅然と説明できるデータを準備しておけばよいのです。

▶▶ 納付能力があるのに納付しない滞納者

　個人経営者や地主は、一般的にはそれなりに資金が還流しているはずです。しかし、決してお金がないわけではないにもかかわらず、何らかの理由をつけて納付しない滞納者がいます。この場合は、迷わず差押処分が必要です。

　つまり、預金や債権があるにもかかわらず税金を納付しないのであれば、財産を見つけた段階で差押処分する覚悟が必要です。このときに躊躇すると、差押処分をしようとした際、その後、払い出しされていたとか、どこかの口座に振り込まれてしまったとかで処分できない状態になることが多いのです。発見したときには、即日に処分するという行動を身につける必要があります。

▶▶ 納税に誠意のない滞納者

　納税交渉や電話催告の中で、「税金を納める気持ちはない」と明言する滞納者には、それ以降催告等は無意味です。すぐに財産調査により滞

第8章　差押えのポイント

179

納処分できる財産を発見し、差押えをすることが肝要です。

　自治体に不満があったとしても、それを理由に納付しなくていいという道理はありません。権利の主張の前に義務の履行があることは自明です。

　私は「自治体に不満がある」という滞納者には、「あなたの苦情を申し立てる部署は○○なのでそちらへ申し立てていただきたい」と説明したところ、「だからお前たちは役所人間なのだ」と怒られたことがあります。一方、「担当部署を教えてくれてありがとう」と、お礼を言われたこともあります。冷静に考えれば、税金の使われ方には不満があったとしても、納税を免れることはできないのは当然です。

▶▶ 特別徴収義務者の滞納

　近年、全国的に個人住民税の取組みが強化される中、普通徴収から特別徴収の方法に切り替えが進められています。特別徴収は、会社（事業主）が社員や従業員の給与から個人住民税を差し引きし、社員等に代わって自治体に納付する制度です。

　この特別徴収義務者である会社が新たに滞納を発生させたときは、即座に差押処分を執行しましょう。躊躇して半年も何の確認も取っていなければ、会社を畳んでどこかへ出て行ってしまうか、倒産することになりかねません。会社が滞納するということは、会社が預かった社員や従業員の個人住民税を納めていないということであり、最終的には社員や従業員が困ることになるため、早期に滞納処分することが求められます。「会社が倒産するのではないか」と躊躇する必要はありません。会社経営の責任は、徴収職員ではなく、経営者にあるのです。

4. 差押えすべきか 迷ったとき

▶▶ 不動産の差押処分

　滞納整理の仕事を続けていると、差押処分をすべきかどうか、躊躇してしまう、迷ってしまうことがあります。徴収職員であれば、誰もが一度は経験するのではないでしょうか。

　なぜ躊躇してしまうのか。それは、財産を滞納処分することで、滞納者の家族が生活できなくなったり、会社を経営できなくなったりすることを危惧するからです。

　例えば、不動産の差押処分を例にしてみましょう。

　一般的には不動産には、住宅ローンが設定されています。個人であれば、住宅ローン設定の金融機関が担保権者として抵当権等を設定し、自治体の租税債権に優先しているのが一般的です。この抵当権者である金融機関は、自治体等から差押処分が入ると、滞納者にローンの一括返済を求めることになっています。

　滞納者に一括返済できる資力があれば問題はありませんが、通常は一括返済できません。当然、金融機関は不良債権化したくないため、自治体からの差押処分を好ましいものとは考えていません。このことを理解した上で、差押処分を行います。金融機関は、最悪の場合、不動産競売事件として滞納者を訴えて、返済されない分を回収する手段に着手することが想定されます。

　私が滞納整理を始めた頃、不動産の差押処分をすべきかどうか判断に迷ってしまい、失敗した経験があります。どうすべきか、答えを出せないまま時間が過ぎ、2〜3か月経ち、改めて登記簿を取り寄せたところ、その不動産は売却されていたのです。それとともに、滞納者も行方不明

181

となり、連絡がとれなくなってしまいました。滞納者に憤りを感じるよりも前に、自分自身が甘い人間であることを痛感したことを覚えています。

　不動産の差押処分を執行していれば、滞納者は任意売却時に必ずその自治体に連絡を入れます。なぜなら通常、差押えが解除されていない不動産を購入する人はいません。差押処分をつけられたままでは、もしかすると購入した不動産が公売として売却される可能性もあるからです。

　そのため、差押解除のための条件を自治体に申し出てくることになります。ここで滞納金額を全額納付してくれれば、単純に不動産の差押解除ということで一件落着です。しかし、滞納金額が多額で全額納付できないとなると、条件を調整する必要があります。滞納金額を全額納付しなければ解除しないという方法もありますが、現実はそのようなきれいな差押解除ばかりではありません。むしろ、滞納金額を最大限確保して回収する方策であれば、それも仕方がないと判断するケースも多くあります。不動産の差押解除は、滞納者にとっては最後の交渉手段になる可能性があることを認識すべきです。

▶▶ 売掛金の差押処分

　次に、売掛金の差押処分について躊躇する場合です。

　売掛金の差押処分は事例の数も少なく、経験したことがある徴収職員も少数です。少ないからこそ、徴収職員は滞納処分に躊躇します。

　私も初めて売掛金の差押処分をしたときに、悩んだことを覚えています。差押処分をすると、それまであまり反応のなかった会社の社長が電話をかけてきて、「売掛金の差押処分が入ったことで、契約が貰えなくなる。お前はおれの会社を潰す気か！」と怒鳴られました。怒鳴られたのは、予想通り。なぜなら、こういった反応をされるので売掛金の差押処分はしないほうがいい、と周りの同僚から言われていたからです。しかし、怒鳴られるのも、毎日繰り返されると免疫ができるようで、次第に特段怖さを感じなくなりました。むしろ、会社が倒産したら、いったい何人の社員が路頭に迷うのだろう、と考えて思い悩んでいたのです。

しかし、果たして本当に自分が悩む必要があるのかどうか考えたとき
に、会社の経営や従業員の生活は、本来経営者である滞納者がすること
であり、徴収職員である私がどうこうできるものではないと思い直しま
した。考えを改め、強い気持ちで売掛金の差押処分をしたところ、社長
は最初怒鳴っていたものの、解除に向けて全額納付を約束してくれたの
です。すぐに滞納金額を納付したことが確認できたため、解除に向けて
書類を作成していたところ、改めて社長から、「これまでと同様契約を
維持したいので、自主納付した旨の文書を作成してほしい」との申出が
あり、了解して解除通知とともに文書を同封して送りました。しばらく
して、元滞納者の社長から電話が入り、「これまで通り契約がとれるこ
とになった。ありがとう」と御礼を言われました。

　その後、この会社は滞納を発生させることはありませんでした。最初
は躊躇したものの、結果的に滞納がなくなり、元滞納者の会社が納期内
納税者になってくれたことは、私の滞納整理においても画期的な出来事
でした。悩んで立ち止まるのではなく、実行する中で、最善の方策に結
び付けることが大切です。「案ずるより産むが易し」の諺通りといえる
でしょう。

▶▶▶ ゴルフ会員権の預託金差押処分

　ある滞納者のゴルフ会員権の預託金を差押処分したところ、大手の債
権回収会社の担当者から電話が入り、「その預託金差押について会社と
して債務名義を取得している。そのため貴方が行った差押処分は無効で
ある」という連絡が入りました。先輩に確認したところ、債務名義を取
得しているのであれば、解除も仕方ないという意見ばかり。

　普通なら「そうですか、わかりました」というところを、仮に債務名
義を取得していてもゴルフ場運営会社に連絡もなく、第三者である私が
そのことを知ることもできなかったのはそちらに問題があるのではない
かと、債権回収会社の担当者に主張しました。内心では、私は解除して
も仕方ないと思っていましたが、主張すべきところは主張しなければな
らないと思ったのです。1週間後、債権回収会社の担当者から預託金を

「50：50」で折半するという条件提示がありました。しかしながら租税優先の原則に基づき、全額回収する旨伝えて処理を終えました。

▶▶ 悩みながらも差押処分に着手する意義

　滞納整理の仕事では、悩みながらも差押処分を積極的に進めていく必要があります。なぜなら、滞納者も地域の同業者などさまざまなネットワークを持っており、差押処分を躊躇していると、「どこどこの自治体は積極的に滞納処分しない」という噂が流れてしまうことも考えられるからです。

　もちろん、全部の滞納事案を差押処分することはできません。滞納事案の中で優先順位を考えて取り組む必要があります。滞納処分は、徴収職員の権限で執行できますが、悩むということは、滞納者の気持ちにも思いを巡らせている証左です。悩みは尽きませんが、悩みながら前に進んでいかなければならないのです。

5. 普通預金の差押えと取立て

普通預金の差押えで悩むこと

　ここで、滞納処分をする上で最も基本的な預金差押について、改めて説明しておきましょう。滞納者の財産調査の一環として預金照会等を行い、金融機関に預金口座が判明したとき、徴収職員は差押処分してよいのかどうか迷ってしまう場合があります。その理由は、処分を進める際に差押調書の履行期限欄に「即時」と記載することによります。

　徴収職員は、「自治体の税金を滞納しているのだから、生活するのもおぼつかないのでは」と推測するからです。ただでさえ生活するのに苦しい状況で、金融機関の預金口座が判明したからといって、即時に差し押さえて取立てでもしようものなら、生活の破綻を招くことになるのではないかと躊躇するのです。

　もちろん、所得が高い滞納者であれば、差押処分をしたとしても別段生活ができないことはなく、心配する必要はないでしょう。問題は、所得が低い滞納者の場合、預金口座が動いているときにこのまま差押処分すると、電気・水道などのライフラインの支払いが滞り、日々の生活に支障を来すのではないかと危惧があります。

　このような心配を徴収職員がするというのは、決して無駄なことではありません。財産調査で財産が判明すれば、差押処分をすることは徴収職員としては当たり前のこと。しかし、だからといって何でも差押処分して取立てすればよいというものでもありません。徴収職員としての見極める力と柔軟さが必要です。

▶▶ 柔軟な発想が必要

さて、そこで実務的な観点からアドバイスしましょう。

まず、差押調書の履行期限欄に「即時」と記載するからといって、差押処分と同時に取立てしなければならないわけではありません。これは、あくまで「即時に取立てできる状態になる」と考えれば、もう少し柔軟な発想をすることができます。つまり、差押処分は行ったものの、取立ては追って別の日に行う、と考えることができます。

私自身、預金の差押処分の場合、2通りの処理を行ってきました。1つは、差押処分と同時に取立てを実施する場合。これは、明らかに滞納者の生活実態が把握されており、預金を差し押さえて取立てても滞納者の生活に支障がないとわかっているものです。もう1つは、差押処分をした上で、1週間ほど時間を置いたのちに取り立てる場合です。

後者は、滞納者が本当に生活に困窮している場合であれば、金融機関の預金口座が差押処分されると、その時点で口座がロックされて動かすことができなくなります。一般的には、預金口座から預金を払い出せなくなった滞納者が金融機関に状況を確認します。そこで、初めて預金の差押処分がされたことを理解します。その前に差押調書が滞納者に送達されて確認する場合もあるでしょう。その時間的な差は多少あるとしても、滞納処分により口座からの払出しができなくなったとわかると、滞納者から担当の徴収職員に連絡が入るのが通常です。

▶▶ 時間的な余裕を持つ

上述の例の後者で、この1週間ほど置く時間は滞納者からの説明申立期間と考えれば、取立てを猶予する期間と考えても問題ないでしょう。

私が徴収職員のときに滞納処分した事例では、預金口座を差押えたその日に滞納者の奥さんから連絡が入りました。差押処分する1か月前に、臨戸もして滞納者とその奥さんとも話をして、今後の納付について至急計画書を提出するように約束したにもかかわらず提出してこなかったため、預金の差押処分を実施しました。

この前段がある中で、「家族3人、明日から1か月水だけ飲んで生活しろというのか」という滞納者の奥さんの切実な訴えに、私はその預金の差押えした金額をどのように生活に充てようと考えているのか聞いてみました。すると、電話で説明をされました。そこで、その説明の中で妥当性のない個所は取り立てるということで、最終的に3分の1を取り立てて、残りの3分の2は誓約書を取って解除。その誓約書は2か月で残りの滞納金額を納付するという内容のもので、この滞納者はしっかり約束を履行してくれました。そして、その後は滞納を発生させることもありませんでした。

当時の上司に預金の差押解除の決裁を持って行ったとき、上記の理由を説明したところ、了解してくれたことを今でも覚えています。そのため、管理職になってからも、「預金口座を差押処分したのだから、必ずすぐに取立てしなさい」と言ったことは一度もありません。

中には、何回も納税交渉したにもかかわらず、約束不履行を繰り返すため、差押処分と同時に取り立てる場合もあります。大切なのは、徴収職員が滞納者の財産や生活を見極めること。催告による納税交渉や臨戸で滞納者の生活実態を把握していれば、その見極めは自ずとできるようになります。

滞納者にも生活があることを理解し、納税の義務を履行させるという強い意思を心に秘めて柔軟に対応しましょう。滞納処分することで、納税しなければならないことを滞納者が本当に気づいてくれることを徴収職員自身が確信しなければならないのです。一律に預金口座を差押処分して、即取り立てるのではなく、事情に照らして考える必要があります。

▶▶ 預金口座と氏名が一致せず困った事案

私が滞納整理の仕事について1年目のとき、滞納者に催告しても連絡もなく、財産調査を行って、金融機関に口座を発見したことがあります。そこで、預金差押をしようと金融機関に出かけて、いざ差押処分をしようとしたところ、金融機関の担当者から「この預金口座に関して、氏名が一致しないため、差押えすることはできません」と告げられました。

よくよく氏名を見ると、「○○ギン（仮名）」となっています。滞納者の氏名は「○○キン（本名）」のため、濁点があるので同一人とは見なさないという話でした。生年月日も同一であるものの、双子の可能性もあり、金融機関としては「顧客に対して間違いがあってはならない」と頑なに差押処分を拒否されました。

　私も、その所在にもう一人別人がいてもおかしくないと思い、いったん職場に戻りました。まだ滞納整理の経験も少なく、その後どのように対応したらよいのか考えあぐねていたところ、1人の先輩職員が声をかけてくれました。「その住所に金融機関の口座の氏名の人物が存在しないということを区役所で証明してもらえばいいよ」と教えてくれた。そのとき初めて「不在住証明書」というものがあることを知ったのです。

▶▶ 不在住証明の活用

　私は区役所に出かけて行き、滞納者の住所に該当者が1人しかいないことをまず確認した上で、「○○ギン（仮名）」さんは、その住所に存在しないことを証明してほしい旨伝え、「○○ギン　不在住証明書」を発行してもらいました。これで問題の「○○ギン（仮名）」さんと「○○キン（本名）」さんは同一人と推定されるということで、逸る気持ちを抑えて金融機関の担当者に再度預金差押の申出をしました。金融機関の担当者に反論するための資料も用意したということで、なんとかこの滞納事案を進展させたいという強い気持ちを持っていたのです。

　区役所発行の不在住証明書を持参して、「当該住所には過去にも現在も「○○ギン」さんは存在しない。その住所に存在するのは「○○キン」さんで生年月日も金融機関の記載と同一である。よって「○○ギン」こと「○○キン」は同一人として預金の差押処分をするので、受け取ってほしい」と伝えたところ、なんとか差押調書を受け取ってもらえることに。そして、滞納者「○○キン」さん宛てに差押調書を送付したものの、何の連絡もなかったと記憶しています。その後、預金口座から取り立てて滞納税に充当し、終了した事案です。不在住証明が決め手となって進展したよい例です。

第 9 章

きめ細やかな
滞納整理の実現

1 ◆さまざまな滞納者たち

▶▶ 滞納者を受け入れる気持ち

　新規滞納者、累積滞納者のどちらに対しても、徴収職員としては納税交渉を含めて、できれば接触したくないと思うかもしれません。しかし、それでも接触を試みることが職員には求められます。

　滞納者に対しては、先入観を持つことなく、まずは受け入れる気持ちがベースになければなりません。接触することもなく財産調査を行い、滞納処分で地方税を徴収すれば、確かに滞納税額は完結したことになるでしょう。しかし、滞納者の意識が変わらなければ、また滞納が発生します。大切なのは、滞納者に納税の意義を理解してもらい、納期内納税者になってもらうことです。

▶▶ 怒鳴るタイプの滞納者

　滞納者の中には、催告等にとても敏感に反応してくる人もいます。穏やかに話をすればよいものを、喧嘩腰に怒鳴ってくるタイプの滞納者です。私は滞納整理を始めた頃、この手の滞納者が苦手でした。あまりにも理不尽なことを電話で話すので、つい相手の言葉に乗って声を荒らげてしまったことが何度もあります。

　しかし、私の経験では、この怒鳴ってきた滞納者は、納税交渉後にはそのほとんどが滞納金額を全額もしくは分割納付することをしっかり約束してくれる人たちでした。一時の声の勢いで滞納者を判断してはいけません。他の滞納者よりも声が大きいというだけで、本心から滞納をごまかそうとしているのではない場合がほとんどです。怒鳴っているから

といって、徴収職員が逃げ腰で納税交渉でもしようものなら、相手はそのことをすぐに見抜きます。取って食われるわけではないのですから、肝を据えて話をすることが肝要です。特に、係長、課長などのポストについている職員は絶対に逃げてはいけません。

　経験則的にいえば、怒鳴ってくる滞納者は催告そのものに対して怒っているわけではありません。何か別の原因があって感情をむき出しにしているのであって、その別の原因を訊き出すことも必要です。

　もし、仮に徴収職員が滞納者の感情を逆なでするようなことをしていたのであれば、素直に謝りましょう。公務員としての面子があるとしても、面子で仕事をしているわけではありません。ときには先に謝ることも大切です。孔子は『論語』において、「過ちては則ち改むるに憚るなかれ」と述べています。徴収職員もまた、1人の人間であり、間違いもあることを認め、誠実に対応することを忘れないでください。

▶▶ 真剣に考えていないタイプの滞納者

　滞納者との納税交渉で、徴収職員が一番騙されるタイプの相手は、こまめに連絡を入れてくる滞納者です。滞納者が徴収職員との約束をきちんと果たしてくれるのであれば特段の問題はありません。そうではなく、なんとか言い訳を作って、約束を不履行にするタイプが問題です。

　この手の滞納者を見破るには、少なくとも数か月の期間を要します。ましてや言葉が穏やかだと、つい言い訳を聴いてしまいがちです。「仏の顔も三度まで」の言葉どおり、1、2回までは約束不履行を許したとしても、どこかの段階で次のステップ、つまり滞納処分に移行しなければなりません。

　また、納税交渉で約束の取り付けを簡単に了解する滞納者もなかなか手ごわい相手です。そんなに簡単に納付できるのであれば、滞納そのものがここまで長引くことはないはずです。言葉が軽く、どこか信用できません。裏付けのない返済方法だとしたら、滞納者は結局約束不履行を繰り返します。このタイプの滞納者に対しても、どこかのタイミングで、約束が履行されなければ滞納処分に移行する旨を伝える必要があるで

しょう。

　これらのタイプは、滞納者自ら納期内納税者になることを真剣に考えることもなく、その場限りの話を繰り返します。納税者としての自覚が足りないために滞納を発生させていることを理解させる必要があります。滞納者は自ら滞納そのものを「やっても仕方ない」とか「どうしようもない」と諦観しているきらいがあります。再度、納期限までに納付するという基本的なルールを伝えていくことが求められます。

▶▶ まったく反応のないタイプの滞納者

　催告等を繰り返しても、まったく連絡のない滞納者はどの自治体にも必ずいます。この手のタイプの滞納者との交渉では、徴収職員は最も虚しさを感じさせられます。

　催告等にまったく反応のない滞納者には、最低一度は臨戸しましょう。なぜなら、本当にその住所に生活しているのか確認する必要があるからです。臨戸して、別の人が住んでいたり、管理人や近隣住民に確認してもどこへ引っ越したかわからなかったりしたら、次は住民票が移されているかを確認します。ただ、職権消除（住民が住んでいないと自治体が判断したときに、自治体の職務権限で住民登録を削除すること）でもされていれば、探しようがないのが実情です。いわば、社会からドロップアウトしているため、見つけることは困難です。

　以前担当したポストでは、セルフネグレクト（自己放任）に相当する滞納事案に遭遇しました。何年間も自治体の徴収職員とは没交渉となっていたため、自宅を捜索して初めてその状況が判明しました。

　臨戸を強化することで、これらの滞納事案が単なる滞納ではないことがわかってきます。自治体職員として、組織内部の連携を図ることで住民の社会復帰に向けた取組みもできるでしょう。私たちは、徴収職員である前に自治体職員です。取り組む術はたくさんあると考えて、何事にも関心を持つことが大切です。

▶▶ ノーマルな滞納者

　ほとんどの滞納者は、滞納していることに負い目を感じています。だからこそ、催告等に対して自治体に自分から連絡してくれます。大多数の滞納者は、怒鳴ることもなく、冷静に徴収職員の話を訊いて約束を履行してくれる良識ある滞納者です。こうした滞納者に対して、徴収職員が上から目線で対応すると、相手の納税の意欲は半減してしまいます。滞納者の気持ちも汲み取り、早期に納期内納税者に戻す手立てを考えるのが徴収職員の本来の仕事です。

　さまざまなタイプの滞納者と接触することで、相手がどのタイプかを見極めることが重要です。決して容易ではありませんが、現場の最前線で滞納整理を行うことで、その力は確実に養われます。失敗を含めてたくさんの経験をすることで、個人と組織がともにより高度な見極め力を蓄積することができるでしょう。

第9章　きめ細やかな滞納整理の実現

2 ◆現場でつかむ

▶▶ 何をつかむか

　職場で座っているだけでは、滞納者の状況を把握することはなかなか難しいものです。ある程度は推測できても、納税交渉を先に進める切り札を見つけることは困難です。

　だからこそ、臨戸・臨場して徴収職員の感覚で滞納者の生活実態等を把握する必要があります。しかし、それにもかかわらず臨戸や臨場に出かけない徴収職員や自治体が多く見られます。「件数が多くて出かける時間がありません」と言う人もいますが、それは言い訳と言わざるをえません。忙しく、臨戸等に出かけることができないために、没交渉の滞納事案がますます増えて悪循環となっているのです。このことに早く気づいて、どうしても臨戸等でなければ判明しない滞納事案をリスト化し、まとめて調査等を実施しましょう。臨戸等に取り組むための時間を設定することが第一歩です。まずは自らの勤務時間をやりくりして、臨戸のために、１週間の中で１日もしくは半日でも捻出しましょう。

▶▶ 滞納者の自宅への臨戸

　滞納者の自宅に臨戸する場合は、本人との接触を試みるだけでなく、どのような家でどのような生活をしているのか、基本的な外観調査を行います。まず、滞納者本人が住民票の住所に住んでいるのかどうか、アパートであれば本人が住んでいるか郵便ポストや表札で確認します。確認するものがなければ、アパートを管理する会社等を調べて再度調査しましょう。その際、アパートの賃貸借契約書のコピーを１部もらうと、

さらに調査の幅が広がります。なぜなら、契約書には、一般的に勤務先等が記載されているからです。

また、臨戸することで生活水準を推し量ることもできるでしょう。一軒家なのか、マンションなら賃貸なのか分譲なのかは不動産登記簿を確認すればたいてい想像できます。この下準備の上で、臨戸等をしたら、敷地の広さをどのように活用しているのか、大家であれば何件店子が入っているのか、駐車場として何台貸しているのかなど、さまざまな情報を仕入れることができます。そして、近隣も含め店子の賃料や駐車場代金を確認するなど、どのような収入が考えられるか概算することができます。

さらに、敷地内に車が停めてあるときは、ナンバーを記録して、職場に帰って調査します。これは乗用車だけでなく、軽トラックやバイクなど車種も併せて記録しておきましょう。さらに、その記録した時間も明記しておくと、どの時間帯であれば車が駐車しているか、おおよそ推測でき、差押えで引き上げるときに役立ちます。

▶▶ 滞納者の会社への臨戸・臨場

滞納者の自宅だけでなく、会社に臨戸・臨場して初めてわかることもあります。

個人経営の不動産会社に臨戸すると、店先で、自社物件の不動産が売り出されているのを目にしたことがあります。見つけた途端に、今日の納税交渉は優位に進めることができると確信しました。この滞納事案では、滞納者にはもちろん不動産を売買できるように努力させるとともに、自治体としては公売を進める二方面作戦で展開しました。臨戸・臨場しなければわからない情報が、現場には必ずあります。

また、財産調査で売掛金等が判明したとしても、差押処分ができるものもあれば、できないものもあります。事前の調べでは分類できないものも、現場に出かけて内容を補充するなどして、滞納処分できるものにしなければなりません。

さらに、預金口座に定期・随時に振り込まれる内容のものがあれば、

その振込元の第三者の会社等に足を運んで確認することも大切です。こうした1つひとつの調査を地道に積み上げた結果が滞納処分につながります。

ときには国税や他の自治体からの調査が入っているかどうか、調査先にそれとなく聞くことも忘れないようにしましょう。調査を完璧に行って、第三債務者の情報が入手できても、油断は禁物。差押処分は先着手であるため第三債務者に最も早く着いたものが取立てできるからです。

また、滞納者所有の不動産のある地域全体が区画整理事業や土地収用にかかっていれば、移転や手続きを示すような看板等が目につくはずです。その情報を記録しておき、このような事例であれば、その後、それぞれの事業を所管している自治体等に出かけて、事業の内容等を詳細に確認します。

インターネットで得られる情報もありますが、それに加えて徴収職員自らの足で情報を見つけることを怠らないことが重要です。

▶▶ その他さまざまな調査

現場に足を運び、ふと目にした情報が、滞納処分につながることもあります。

滞納法人の会社へ催告を繰り返しても反応がなく、商業登記簿に記載されている住所に臨戸したときのことです。

インターフォンを押すものの、誰も応答せず、ふと玄関の脇にある郵便受けに目をやると、建設会社からの封筒が差し込んでありました。もちろん、郵便受けから封筒を取り出して内容を確認することは違法であるため、ただ差し込んである状態のまま、郵便物の送り主である建設会社の名前を記憶しておきました。

職場に戻って会社情報を確認すると、職場の近くにある中堅の建設会社だったので、さっそく出かけ、受付で滞納法人について話を訊いてみました。すると、滞納法人はこの建設会社の下請け会社で、下請け会社になるために端株（売買単位が10株の株式の売買単位に満たない株式）を購入してもらっており、今回はその端株の保有状況を通知したとのこ

とでした。そこで、その場で端株の内容を確認し、株券を差押処分しました。

滞納処分の通知を出しても滞納法人から連絡もなかったので、先日の株券の会社の窓口担当の社員に連絡をとり、その端株の売却を依頼。それからしばらくして、端株の売却代金と建設会社の年会費未納分を清算した残金がある旨、連絡が入り、その端株売却に伴う残金を税に充当しました。現場で、自らの足で情報を見つけることの必要性がわかります。

また、現場での調査では、粘り強さも大切です。

ある滞納不動産会社に関する事案では、財産調査しても財産になるようなものはすでに売却され、累積赤字だけが残っていました。開き直って提供してくれた過去の資料等を確認すると、都心から離れたK市に大きな分譲団地を販売していたので調査すると、宅地箇所はすべて売却済み。ここで頭に浮かんだのは、私が師と仰いだ先輩からの教えです。先輩の経験では、不動産会社で郊外に分譲団地を販売していたような事案では、その分譲団地がすべて完売されているとは限らず、どこかに1つや2つ売れ残りの区画があるので必ず調査せよ、とのことでした。

そこで改めて確認すると、道路とため池と水道用地が残っており、この水道用地にK市が課税していたのです。課税するということは、評価するだけの価値があるということ。私はK市に出かけ、現地を確認した上で、その残された不動産をすべて差押処分し、その後、この滞納処分した不動産をその分譲団地の自治会に買い取ってもらうことができました。資料の地道な洗い直しも重要だとわかります。

大切なのは、徴収職員としていろいろなチャネルを活用できるように頭の中を整理しておくこと。そして、「何もない」と滞納法人から言われても、それでも見つけようと取り組む気概、粘り強さです。

映画「マルサの女」や国税の査察事件を取り上げるテレビ番組に出てくるような億単位、千万単位の財産を発見することは稀です。それでも何度も現地に出かけ、調査をコツコツ繰り返し、発見した財産を差押処分して自治体の税に充当してきました。

地味な仕事の積み重ねこそ、滞納整理の仕事では大切なのです。

第9章 きめ細やかな滞納整理の実現

3. 「ひと手間」かけて接触する

▶▶ ひと手間とは

　滞納者に催告書を出すにしても、徴収職員が担当者として真摯に気持ちを伝えることができれば、相手の反応も変わってきます。

　ここでは、徴収職員としてのちょっとした工夫を加えてみることをおすすめします。そのちょっとした工夫、いわば「ひと手間」が、大きな成果を生むこともあります。このひと手間は、催告や納税交渉などさまざまな場面で考えられます。

　そもそも、たくさんの滞納者を担当している徴収職員が、わざわざ催告書などにひと手間かける必要があるのか、と疑問を持つ人もいるかもしれません。しかし、自治体からの催告書は滞納者にとって見れば毎日配達される郵便物の中の1つにすぎません。民間会社からの支払催告や裁判所など多方面から文書が届いている可能性があります。そう考えると、郵便物の封を開け文書を読むように誘導するひと手間の工夫は決して無駄ではありません。

▶▶ 催告書による「ひと手間」

　催告書であれば、徴収職員の自筆の言葉で一言記載する方法があります。「連絡をお待ちしています」「生活の状況等教えてください」など、催告書の余白に一言添えるだけで、担当者の気持ちをストレートに伝えることになります。パソコンで打ち、印刷された文章だけではなく、ひと手間を加えるのです。さらに、そこにマーカーで下線を引けばもっと目立ちます。

また、通常の白い用紙に印刷するのではなく、文章の内容に応じて黄色やオレンジ色の用紙を使ったり、封筒の色を変えたりしてもよいでしょう。特に累積滞納者であれば、何年も同じ体裁の催告書が届いていれば、封筒を見ただけで開封すらしない可能性もあります。そのためにも、目先を少し変えることで開封する気にさせる工夫を心がけることが大切です。

　ある自治体では、滞納者にハガキで「重要書類を送付する」と連絡した後に催告書を送付しています。ハガキを事前に送付することで「催告書の書類は見なかった」と滞納者に言い訳をさせない工夫です。最初は、わざわざ二度手間をかけるほどの効果があるのか疑問でしたが、案外反応が増えたそうです。

▶▶ 納税交渉による「ひと手間」

　納税交渉で、滞納者と徴収職員が話し合った結果、分割納付が決まったときなども、ひと手間をかけることができます。

　私は、分割納付書に付箋紙を付けて、納付する月が一目でわかるようにしていました。そして、滞納額内訳書の余白に、「分割納付が不履行のときには滞納処分に入ります」と記載して、赤いマーカーで下線を引きました。その上で、口頭で説明するだけでなく、紙に記載してある内容を再度読み上げてから分割納付書を手渡しすると、ほとんど不履行はありませんでした。滞納者は内容を何度も確認させられたことで相当のプレッシャーになっていたのでしょう。

　電話で滞納者から納付書の送付依頼があったときも、ただ納付書を送付するだけでなく、メモ書きを同封します。そのメモ書きには、やはり不履行になると滞納処分に移行する旨を記載しました。また、電話での納税交渉では約束した内容は、紙や端末で必ず記録し、最後に確認として必ず読み上げます。内容確認は相手である滞納者のためだけでなく、担当者として果たすべき約束をしっかり守るということにもつながります。

　なお、納税交渉では、滞納者から「なぜ、約束の期限が経過したこと

を連絡してくれないのか」と文句を言われることがあります。これは滞納者が自ら自己管理できるようにするために連絡しないのであって、虐めるためでもなんでもありません。セルフコントロールができず、他人に依存するから滞納から脱却できないのです。滞納者を納期内納税者に変えるためにも、「ひと手間」として納付の約束日に連絡を入れる必要はないと私は考えています。

▶▶ 管轄外の滞納事案への「ひと手間」

　管内の滞納事案については相当手厚く催告・臨戸を実施していたとしても、管轄外の滞納事案についてはどのように対応しているでしょうか。ぜひ一度、取組み内容を確認してみましょう。もし、仮に住居を移した管轄外の滞納者で移り先が比較的隣接の自治体であれば、一度臨戸してみましょう。なぜなら、滞納者は管轄外に住んでいるため、「どう考えても臨戸に来るわけはない」と思っている可能性があります。引っ越したにもかかわらず、以前住んでいた自治体の徴収職員に臨戸に来られると、滞納者はとても驚くのです。

　また、臨戸をする「時間」も工夫の余地があります。会社員であれば、通常出勤する時間は決まっています。その出勤する直前の時間帯に臨戸するのも効果的です。相手は職場に出かけたいと思っているし、こちらはそれを阻んで少し話を訊きたいと考えています。そこで、滞納者から「いつ来所する」「いつ連絡する」という確約を取り付けることができれば上出来です。ここまでして来所や連絡のない滞納者はそうはいません。マスコミの取材では「夜討ち朝駆け」と言われるように、これまでとは違った取組みをひと手間かけるのも徴収職員の仕事です。

▶▶ その他の「ひと手間」

　最後に、差押処分された滞納者が、その後自主納付した場合についてです。不動産を差押処分した際、徴収職員は抵当権者である金融機関へも差押通知を出します。このため、滞納者は金融機関から新たなプレッ

シャーがかかることを恐れています。最悪の場合には、抵当権者である金融機関が不動産競売事件を裁判所に申し立てることも想定されるのですから、当然です。

このような状況の中、滞納者が自主納付してきたとしたら、徴収職員は即刻、不動産の差押解除通知を金融機関に持参するくらいの気持ちで動かなければなりません。自主納付により、滞納者ではなく納税者になったこと、また金融機関との関係を考慮すると、職員が金融機関に通知する際に解除通知を持参して「本人が自主納付しました」と一言添えましょう。これもまた、納税者の今後を見据えた徴収職員の「ひと手間」です。

第9章 きめ細やかな滞納整理の実現

4◆失敗事案を分析し、共有する

▶▶ 失敗事案を組織の財産と考える

　振り返ると、滞納整理の仕事に就いてからたくさんの失敗をしてきました。ところが、自治体職員の世界では、失敗は表に出すものではなく陰で処理するものといった考えが一般的です。そのため、情報が共有されず、同じ組織で何回も同じ失敗が繰り返されるという事態になりがちです。しかし、失敗は組織にとって、かけがえのない財産です。大切なことは同じ失敗を繰り返さないために、次にどのように対応するか、意識することです。

　そのためには、組織全体で失敗事案を受け入れる寛容性が求められます。畑村洋太郎著『失敗学のすすめ』では、「経験しなければならない失敗、必要な失敗」があると言われています。仕事を進める上では、必要な失敗もあります。徴収職員も、失敗して落ち込むのではなく、それを次に活かすために組織全体にも還元して学習することが必要です。管理監督者・管理職は、部下の職員が失敗した場合には、「感情で怒る」のではなく、「理論的に叱る」必要があります。そして、できれば、叱るよりも見守っているほうがよいでしょう。上位者が叱ると部下は委縮してしまい、失敗しないことしか考えなくなります。

▶▶ 過去の失敗事案を掘り起こす

　そこで、ぜひ過去に発生した失敗事案を5年分、10年分遡って掘り起こしてみましょう。公式な資料が残っていないのであれば、先輩職員に過去や経験を思い出してもらう手もあります。正確ではなくても、あ

くまで失敗事案の概要がつかめればよいのです。

　どんな自治体でも、1つの部署に長期間在職していた人がいるものです。こうした経験豊富な職員の力を借りない手はありません。また、退職した先輩職員に、OJT講師として過去の失敗・トラブル事例を話してもらってもよいでしょう。

　失敗事案は、些細なことでもたくさん集めてください。その上で、内容や項目ごとに分類します。滞納整理であれば、窓口事務（納税証明・収納管理）、納税交渉、財産調査、差押処分、公売処分などに分類します。これら分類された事案をさらに内容の似ているものにまとめて小分類にします。ここまで分類できれば、例えば「窓口失敗事例集」ができあがり、OJTで活用できる教材にすることもできます。

　これを、年度の初めに、滞納整理部門に配属になった新規採用職員や他部門からの異動者に配付してもよいでしょう。これを最初に読んでおくことで、配属者は安心でき、すぐにでも窓口対応が可能となります。少し慣れてきたところで、先輩職員に事例集を教材にしたOJTを実施してもらいます。こうした取組みで、単なる失敗事案を業務マニュアルにまで引き上げることができます。

　その上で、事例集やマニュアルは、毎年手直しを繰り返してブラッシュアップしていきます。最初から高い完成度を求める必要はありません。まずは、気軽に簡単なものを作れば十分です。

▶▶ 学習する組織から教え合う組織へ

　MIT（マサチューセッツ工科大学）のピーター・M・センゲ博士は「学習する組織」を提案し、組織は学習することで強くなると述べています。

　徴収の現場も同様に、学習する組織になる必要があります。現場で経験するさまざまな滞納事案を通じて身についた、徴収職員個人が持っているスキルやノウハウを組織全員の経験知として共有化するのです。

　具体的には、班員や課員全員に機会を与えて、滞納整理に限定することなく、公務員として培ってきた経験知を説明する場を設定します。例えば、課税事務を経験したことのある徴収職員には、課税事務の流れを

説明してもらいます。定期課税、随時課税の説明をしてもらうと、課税の一連の流れが理解できます。また、福祉のケースワーカーから異動してきた職員に、その仕事内容を説明してもらってもよいでしょう。

仮に10人の職員がいれば、10人分のさまざまな経験知を共有することで、滞納整理を幅広く行うことができます。可能であれば、曜日を設定して定期的なOJTを継続して行う体制を作ることが望ましいでしょう。

このような「学習する組織」こそ、成果を上げるためには必要です。

▶▶ 失敗事案を通して価値観の共有化を図る

情報の共有は、表面的なものでは意味がありません。例えば、ライン係長が5～6人の係員に対して、メールで端的に連絡するのと、自らの言葉で直接、説明するのとでは、どちらが説得力があるでしょうか。

形式的な情報共有にとらわれ、メールを送るという行為で満足しているようでは、組織は進化しません。

目先の情報やスキル、テクニックだけでなく、滞納整理を行うためのベースになる「考え方」を全員に教えることで、滞納整理の在るべき姿が見えてくるのです。

5 低所得者・生活保護受給者への対応

▶▶ 低所得者・生活保護受給者への配慮

　低所得者や生活保護受給者に対しては、当然配慮が必要です。

　公的な機関に支援を受けることは、一次的に生活の支援をしてもらっているにすぎません。仕事がしたくても身体の調子が悪く働けない人もいれば、家族の事情で働くことができない人もいます。成熟した社会だからこそ、こうした人たちに温かい目を向けなければなりません。

　こうした人たちの中には、税金を払えない人もいます。そのことを申し出ようとするとき、最初に対応するのは市町村の窓口です。現状では生活がままならない旨の申出を受け付ける窓口の職員が、都道府県税事務所への申請方法等を説明することで、窓口に来た人は非課税や減免制度の適用も申し出てきます。高齢者の中には、年金の支給が受けられない人もいるなど、人それぞれ生活実態は異なります。そのため、徴収職員は滞納者の生活実態を把握する必要があります。その実態調査で、国民として最低限の生活に近い状況にあると判断できれば、執行停止処分も活用するなど適切に処理することが求められます。

▶▶ 低所得者・生活保護受給者に準ずる対応

　低所得者や生活保護受給者の救済は、どの自治体にも明確なルールがあるはずです。問題は、それに準ずる所得者です。つまり、低所得者や生活保護受給者ではないものの、それに近い状況の生活者の救済をどのように配慮できるかです。

　生活保護世帯の収入基準額が設定されているからといって、基準額を

第9章　きめ細やかな滞納整理の実現

205

一律に正確に適用すればよいのでしょうか。

　仮に、基準額を 1,000 円超えたからといって、減免を認めないと単純に判断してよいでしょうか。製品工場で検査項目の一定数の数値を超えると不適格として扱う製品チェックとは異なり、生きている人を対象に減免等が可能か検討することを考えれば、一定の幅を持たせて判断しても問題ないと考えられます。むしろ、徴収職員が自らの職務に精通して、この一定の幅を活用することが大切です。法律や規則を著しく逸脱するものでない限り、自由に判断できるようになってほしいのです。

　また、徴収職員が、生活保護世帯に準ずる所得として減免等を検討するのであれば、自治体も組織単位でその後ろ盾としてしっかり支援する必要があります。徴収職員 1 人に任せるだけではなく、組織全体で取り組む姿勢が大切です。

　こうした生活保護に準ずる滞納者の救済方法は、もっとわかりやすくすることが求められます。例えば、自治体の内部規則で生活保護基準額にプラス 2 割上限までを準ずる者の基準と位置付けてはどうでしょうか。この救済方法の活用で、相当数の滞納者が人としての生活を取り戻すことができるはずです。そして、自治体としても住民の生活・福祉を守ることができます。

▶▶ 年金生活者への対応

　現役からリタイアし、年金で生活している高齢者夫婦の場合を考えてみましょう。現役直後は、退職金もあり、まだ懐具合はよかったとしても、10 年も経過すれば子供達の自立や家屋の修理等で、いつのまにか退職金の残額も少なくなってしまいます。このような年金暮らしの滞納者に分割納付を約束させるのも忍びない場合もあります。2 か月に一度の国民年金だけで老夫婦が生活しているのであれば、執行停止処分も十分検討する余地があると考えます。

　もちろん、年金をいくつも支給されている滞納者もいます。そのような滞納者の年金を差押処分することに躊躇することはありません。つまり、決裁するときには担当者に確認するなどケースバイケースで滞納処

分を進めています。それぞれ滞納事案を見極めた上で判断しなければなりません。

▶▶ その他の生活困難者等への対応

会社経営者で不渡手形を掴まされてしまい、経営が青息吐息に経営難なっているような場合には、経営が安定するまで様子を見ることもあります。経営状況は流動的なものです。その不渡手形を以って延滞金を減免したり、一定期間滞納処分を猶予したりすることも検討の余地があります。

また、滞納者の中には、さまざまな原因で複数の金融機関から融資を受ける人もいます。これらの融資は法定外の金利で融資を受けているため、一般的に過払金（法定外の旧上限金利と法定上限金利の差から生じる支払い過ぎの利息）の債権が発生するため、その債権を差押処分することで滞納金額に充当します。滞納者から多額の返済をしている旨を訊くことがあれば、返済先の金融機関に返済金額を確認してみるのも滞納者を救済することにつながります。

高齢者に対しては、リバースモゲージの検討もときに有効です。これは、自宅を担保に銀行等から老後の資金を借りることができる制度です。通常の抵当や担保では、年月が経過するとともに借金の残高が減ってきますが、この制度は逆に残高が増えていきます。つまり、一定期間（10年間や20年間）、年金制度のように支給してもらい、途中で本人が死亡した場合や満期が来たときに不動産売却により清算します。年金生活者で国民年金しか支給がないものの、自宅等の不動産の評価額がある程度高いような年配者であれば、一度金融機関に相談することをすすめてみてもよいでしょう。昔と違って、子供が独立して、同居できていない、高齢者のみの世帯も多く、このような状況であれば、制度を活用して年配者が安定した生活をおくれるような工夫があってもよいでしょう。

常に社会の実態に見合った滞納整理をするために、徴収職員は幅広く情報を集め、勉強することが求められるのです。

207

おわりに

　本書の執筆は、仕事関係で昔からの知人である八王子市税務部納税課長の堂畑孝行さんからの1本の電話から始まりました。突然の話に戸惑ったものの、再任用終了（2021年3月末）までにもう1冊本を出したいと思っていたこともあり、これはチャンスだと捉えて了解しました。

　しばらくして、学陽書房編集部の村上広大さんから正式に執筆依頼があり、原稿執筆がスタートしました。2010年7月に公益財団法人東京税務協会から『〔改訂版〕滞納整理と進行管理』を刊行してから7年が経過していたこともあり、土日・休日は、約50項目の原稿執筆に専念することにしました。

　2017年7月の第1週から毎週1本ずつ仕上げて原稿を送付していったものの、久しぶりの原稿書きということもあり、思うように筆が進みませんでした。書斎のパソコンの前に座っても、アウトプットのイメージは出てくるのですが、遅々として進まず、瞑想したり、気分転換を図ったりと苦しい日々。ようやく10月に入って天候も涼しくなり、執筆にも慣れてきたのでピッチを上げていき、毎週2～3本の原稿を書き上げました。

　年末年始も原稿書きを優先し、ようやく2018年3月上旬に終了。しかし、ここから拙い原稿の校正が入り、ようやく仕上がったのは7月下旬。思い返せば長い1年でした。

　年間十数回の研修講師も行いながら、今回の本を出すことができたことは本当に嬉しいかぎりです。研修の際に、本書執筆の話をすると、たくさんの方々から応援をいただきました。改めて、全国の皆さんに御礼申し上げます。

　今回の書籍にあたっては、依頼された段階から多くの方にお世話になりました。構想の段階では、キヤノングローバル戦略研究所研究主幹の柏木恵さん、沖縄県東京事務所主査の大村美枝さんにアドバイスをいた

だき、順調なスタートを切ることができました。なお、柏木さんには最終の校正もチェックしていただきました。お二人の後押しがなければ今回の本は完成しなかったと思っています。心から御礼申し上げます。

また、個人住民税の取組みで知り合った小金井市行政経営担当課長の堤直規さんにも、最終校正に目を通していただきました。人間的魅力に溢れ、忙しい業務の中、これまでに何冊もの本を執筆されている堤さんにご協力いただけたことはとてもありがたく、感謝を申し上げます。

さらに、東京都主税局の諸先輩方・同僚・後輩の皆さんにも感謝申し上げます。1989 年に主任異動により主税局勤務となって以来、「平成」の時代を主税局で過ごし、培ってきたことは、私にとって財産です。

仕事関係の他にも、御礼を述べたい方が二人います。東京医科歯科大学病院で心臓の手術（2005 年 2 月）を執刀していただいた同大学心臓血管外科の荒井裕国教授と、糖尿病の主治医として 6 週間に一度の定期検診を診察していただいている泉山肇医師です。仕事や生活のために、健康の維持は欠かせないものですが、お二人の定期的な医学的指導のおかげです。心より感謝申し上げます。

最後に、原稿執筆中、いろいろと配慮してくれた家族に感謝の気持ちを伝えたいと思います。妻には素直に「ありがとう」の気持ちでいっぱいです。執筆が行き詰まったとき、「気分転換したら」と一言かけてくれるだけで心が和み、もう少し頑張ろうという気持ちになりました。かけがえのない存在です。また、二人の子供にも感謝します。長男は大学 2 年生で将来何をやろうとしているのか模索しているところです。次男は浪人生で来年の大学合格を目指しています。さらに、2018 年 3 月末から同居することとなった義父を妻が介護し、その様子を看ている義母と家族がそれぞれ目標に向けて生活していることに、無上の喜びを感じています。この家族があるからこそ、最後まで原稿を仕上げることができました。心から感謝の気持ちを述べて、筆を擱きたいと思います。ありがとうございました。

2018 年 8 月

藤井　朗

●著者紹介

藤井　朗 (ふじい・あきら)

元東京都荒川都税事務所長。1979年東京都入都、都立高校の学校事務を振り出しに、1989年主任異動により主税局勤務。1995年、担当係長で初めて滞納整理事務に就き、3年間実務を経験する。管理職試験に合格し、2000年、都税事務所の納税課長となる。その後、主税局徴収部副参事(滞納整理指導担当)、個人都民税対策室長、徴収指導課長、品川都税事務所副所長兼総務課長、台東都税事務所長を経て2012年に主税局特別滞納整理担当部長、2016年3月末定年退職、2016年4月再任用で江戸川都税事務所長、荒川都税事務所長などを経て、2021年3月再任用任期満了により退職。現在は、研修講師として滞納整理、組織マネジメントに関する研修・講演等を行っている。2011年9月、首都大学東京大学院社会科学研究科博士前期課程経営学専攻修了。著書に『〔改訂版〕滞納整理と進行管理』(東京税務協会)がある。

地方税の徴収担当になったら読む本

2018年9月13日　初版発行			
2025年4月14日　7刷発行			

著　者　　藤井　朗

発行者　　関根　明

発行所　　学陽書房

〒102-0072　東京都千代田区飯田橋1-9-3
営業部／電話 03-3261-1111　FAX 03-5211-3300
編集部／電話 03-3261-1112
https://www.gakuyo.co.jp/

ブックデザイン／佐藤 博　　DTP制作／ニシ工芸
印刷・製本／三省堂印刷

©Akira Fujii 2018, Printed in Japan
ISBN 978-4-313-12117-1 C2033
乱丁・落丁本は、送料小社負担にてお取り替えいたします。

JCOPY 〈出版者著作権管理機構 委託出版物〉
本書の無断複製は著作権法上での例外を除き禁じられています。複製される場合は、そのつど事前に出版者著作権管理機構(電話03-5244-5088、FAX03-5244-5089、e-mail: info@jcopy.or.jp)の許諾を得てください。

◎好評既刊◎

自治体の法規担当になったら読む本

塩浜克也・遠藤雅之［著］

自治体の文書・法規担当に向けて、実務の進め方とポイントをわかりやすく解説。例規審査を中心に、議会対応、原課からの法律相談、訴訟対応などを網羅。経験豊富な職員ならではの仕事のノウハウも紹介。

定価＝本体 2,500 円＋税

自治体の財政担当になったら読む本

定野　司［著］

基本から実務までこの1冊でわかる！　財政に関する制度の基礎知識だけでなく、上司・同僚・事業課との交渉のポイント、仕事への向き合い方など、財政担当としての心得や仕事術も伝える、担当者必携の一冊。

定価＝本体 2,500 円＋税

自治体の議会事務局職員になったら読む本

香川純一・野村憲一［著］

執行機関とは異なる議会事務局で求められる作法（議員と事務局の役割分担）から、本会議・委員会の進め方、審議における問題解決、調査・庶務のポイントなどをわかりやすく解説。

定価＝本体 2,500 円＋税